I0749576

Cenáculo

José Orbi

RedCrest Tower, Ltd.

2010

ISBN: 978-0-9661619-6-0

Para información sobre Derechos de Autor, derechos de producción y/o regalías, por favor de comunicarse al 213.533.0774 - 787.439.9011 o por correo electrónico: info@redcresttower.com

RedCrest Tower, Ltd.
51 Calle Ruiz Belvis
San Juan, PR 00917

Personajes
En Orden de Aparición

Un monje .... Viejo
Salaí .... Aprendiz de Leonardo
Tomasino .... El confitero
Lorenzo .... Aprendiz de Leonardo
Antonio .... Aprendiz de Leonardo
Marco .... Aprendiz de Leonardo
Fray Bandello .... El prior
Leonardo .... El artista
Bernardino .... El consejero del duque
Maquiavelo .... Amigo de Leonardo
Fray Valentín .... Un fraile
Ludovico .... Duque de Milán
Cecilia .... Su amante
Beatriz .... Su esposa
Sofía .... Cocinera de Leonardo
Silveria .... Dama en espera
El Papa .... Su Santidad
Cardenal Sforza .... Hermano de Ludovico
Cardenal Borgia .... Comandante del Papa
El Turco .... Tabernero
Puta .... En la taberna
Cachetero .... Ladrón
Fray Marcelino .... Un fraile de visitas
Soldado .... de Ludovico
Franco .... Un verdugo
Augusto .... Otro Verdugo
Soldados del Papa
El abad
Más soldados
Más frailes

Tiempo & Lugar

1498

Algunas veces en Milán
Otras veces en Roma

PRIMER ACTO

Escena i
Una celda de monje
Confitería
Escena ii
Comedor de monasterio
Escena iii
El castillo; el despacho de Bernardino
Escena iv
Comedor de monasterio
Escena v
El castillo; el despacho de Ludovico
Escena vi
Vivienda de Leonardo
Escena vii
Comedor de monasterio
Escena viii
El Vaticano; el despacho del Papa
Escena ix
El castillo; el despacho de Ludovico
Escena x
Taberna frente a callejón
Escena xi
El castillo; el despacho de Ludovico
Escena xii
Vivienda de Leonardo
Escena xiii
Comedor de monasterio

SEGUNDO ACTO

Escena i
Leonardo; su habitación
Escena ii
El castillo; la habitación de Ludovico
Escena iii
Comedor de monasterio
Escena iv
Frente a la confitería de Tomasino
Escena v
Comedor de monasterio
Escena vi
El castillo; el despacho de Bernardino
Escena vii
El castillo; un calabozo.
Escena viii
El castillo;; el despacho de Ludovico
Escena ix
El castillo; el calabozo
Escena x
Vivienda de Leonardo
Escena xi
El Vaticano; el despacho del Papa
El castillo; el despacho de Bernardino
Escena xii
Comedor del monasterio
Escena xiii
El castillo; el despacho de Ludovico
Escena xiv
Comedor del monasterio
Escena xv
El proscenio

PRIMER ACTO

Escena i

Al subir el Telón, bajo la tenue iluminación de una simple vela, **un Monje Viejo,** *con pelo muy blanco y largo está sentado sobre un cajón de madera en su celda, hace una anotación a toda prisa en un enorme libro. Pausa. Él coloca su cálamo a un lado y contempla el manuscrito. Pausa. Coge el manuscrito en sus manos y se levanta con mucha dificultad, apretando el manuscrito a su pecho.*

MONJE VIEJO: Cincuenta años de recuerdos. *(Pausa)* Ahora no soy otra cosa que un triste anciano encorvado–mi cuerpo atrofiado–ni rastro de lo que fui. *(Pausa)* Y como no tenía suficiente, me estoy quedando ciego. Mis ojos se pasan casi todo el tiempo medios cerrados bajo estas perfectamente blancas, extravagantes y enmarañadas cejas–presagio del momento cuando quedarán ciegos por completo–para siempre–hasta descubrir el brillante esplendor de la vida eterna. *(Pausa)* Pero mi mente, este divino repositorio de mis experiencias todavía puede dar alcance al distante pasado. Es entonces cuando recuerdo lo buen mozo que era, del amor a la vida y la ambición que llevaba en mi corazón. *(Pausa)* Todo era diferente. Al amor y a la guerra se les perseguía con el mismo entusiasmo y la moral nunca pisaba más allá del portal de la iglesia. La verdad es que la historia, como el reflejo de un viejo espejo después de estar escondido por años en un polvoriento cuartucho, pierde su luminosidad y distorsiona la veracidad de eventos pasados. Hasta aquellos que han sido documentados se prestan para interpretarse incorrectamente cuando no se entienden la peculiaridad cultural y los hábitos de la época. Algo que parece muy obvio en el presente, puede haber sido otra cosa por completo, ya que las mismas excentricidades y la inseguridad innata del Hombre, tienden a atribuirle pinceladas de genio y misticismo a sandeces, a disparates y a simples tonterías. *(Pausa)* ¿Cómo se explican, entonces, que a ese–Vasari–lo consideren un «historiador»? ¿¡Qué sabe él de nada!? ¡Él no estuvo allí! ¡Yo sí! ¡Vasari es un imbécil! *(Pausa)* Todo empezó un jueves por la mañana, en mayo.

Al FONDO *aparece un negocio con un letrero muy rústico que lee:* **Tomasino-Dulces.**

Entra **Salaí**, *con un pedazo de papel en mano. Pausa. Lee el contenido, frunce el ceño.*

MONJE VIEJO: El valle se vestía con una leve cubierta de neblina gris-azul mientras los habitantes de Milán esperaban la salida del sol para empezar su día porque todavía se acogían a la dudosa defensa de sus cuatro paredes, detrás de contraventanas y encerrados bajo llave; vigilando sus pasos de habitación en habitación, con la ayuda de una vela, siempre con miedo a duendecillos y fantasmas que según la opinión general, habitaban cada rincón y nicho de sus hogares. No había duda, en 1498, Italia seguía evocando a la Edad Media. (*Mutis*)

TOMASINO: ¡Si no es otro que nuestro querido Salaí! ¿Y dónde carajo estabas metido?

SALAÍ: Ocupado.

TOMASINO: ¿Demasiado ocupado para visitar a tus amigos?

SALAÍ: Muy ocupado y muy pobre.

TOMASINO: ¿Pobre, eh? Sé como te sientes, mi niño. Yo también soy pobre, ¿o crees que me gusta estar encerrado en este santo aposento mezclando, cocinando y horneando todo el día; sudando como un cerdo y apestando a campesino–o mejor dicho, apestando a cerdo y sudando como un campesino? ¿A dónde vas de camino?

SALAÍ: *(Enseña el papel)* Aquí al lado–a donde Lucca.

El chico se le queda mirando a las bolsas de dulces colgando en la pared.

TOMASINO: ¿Cuánto llevas encima? Tu amo es un hombre rico. De vez en cuando te debería pasar una mesada.

SALAÍ: Él dice que somos nosotros los que le debemos pagar a él.

TOMASINO: ¿Y por qué no? Es un gran maestro.

SALAÍ: ¡Y nosotros sus esclavos!

TOMASINO: ¿No me digas? Bueno, si quieres, puedes venir a trabajar para mí. Eso sí, yo tampoco te voy a pagar, pero por lo menos puedes comerte todo el dulce que te dé la gana. Podrías ayudarme a hacer entregas y yo te enseñaría a hacer dulce, para que cuando yo sea viejo y ya no pueda trabajar, tú puedas hacerte cargo de la tienda. *(Pausa)* ¿Qué dices? ¿Quieres ser mi aprendiz?

SALAÍ: Nah–no te preocupes, yo me las arreglo.

TOMASINO: *(Ríe)* No tengo duda. *(Pausa)* Oye, ¿qué tal si me haces un favor?

De detrás del mostrador, **Tomasino** *saca una caja de dulces, arranca una bolsa de la pared y se la tira a* **Salaí**.

TOMASINO: Todo ese dulce para ti, si me llevas esto al castillo. *(Pausa)* Esta cajita me la trae un soldado dos veces a la semana, para que yo la llene de golosinas. ¿A que no te imaginas para quién? Para Beatriz. A su majestad le encantan los mismos confites que a ti, pero con nueces. El soldado siempre recoge la cajita al día siguiente, pero esta vez parece que el ejército está en maniobras y se han olvidado de los dulces de Beatriz. Eso quiere decir dos cosas. Primero, que la princesa se queda sin lo suyo y segundo, que a Tomasino no le pagan. Yo no puedo hacer la entrega–mi madre está muy mal, sabes–no se puede quedar sola.

SALAÍ: ¡Seguro que voy!

TOMASINO: Lo sabía. Ya quisiera que a todos mis clientes les gustara tanto el dulce como a ti. Sería tan rico como Lucca. Él gana mucho más que yo. El otro día me puse a pensar, ¿qué tal si en vez de dulces, le vendiera mercancía a los artistas? ¿Qué te parece, eh?

SALAÍ: ¡No, por favor, el pigmento sabe a mierda!

TOMASINO: ¿Tu amo, no se va a enfadar?

SALAÍ: Para que mi amo se enfade, mi amo tiene que saber que yo fui al castillo, ¿cierto? *(Se echa un dulce en la boca)* No, no creo que mi amo se enfade en lo más mínimo.

TOMASINO: Bueno–mejor vas caminando que la princesa espera sus confites.

SALAÍ: ¿Quieres que vaya ahora? Pero–y que del señor Lucca? La tienda no abre.

TOMASINO: –por buen tiempo. Anoche, su mujer–sabes que es una arpía–le rajó la cabeza con una escoba. *(Pausa)* Dame acá. Yo le doy la nota cuando llegue–si es que llega.

Salaí *le entrega el papel a* **Tomasino**.

TOMASINO: *(Lee)* Lucca: «Aquí le envío a mi criado, Salaí»– *(A Salaí)* ¿Criado?

Salaí *encoge los hombros, se come otro dulce y coge la caja de la princesa del mostrador.*

SALAÍ: ¡Nos fuimos al castillo!

Mutis **Salaí**.

TOMASINO: *(Le grita)* ¡Dile al guardia que vas de parte de Tomasino!

Telón.

Escena ii

Al mismo tiempo. El comedor del monasterio de Santa María de las Gracias que está ocupado por mesas, caballetes, banquillos de leña y pedazos de madera, con las patas atadas por sogas; brochas, pinceles, una lona gris, sucia que cubre la «pared»; cuencos de barro, bolsas de pigmento y yeso, huevos, baldes y un andamio a lo ancho del salón.

Debajo del andamio hay varias cajas de herramientas. La pared **AL FONDO** *está cubierta.*

SONIDO: Un coro de frailes.

LORENZO: ¡Necesito azul!
ANTONIO: No hay.
LORENZO: ¿Quién mezcla?
MARCO: Salaí.
ANTONIO: ¿Salaí?
LORENZO: ¡Fabuloso!
ANTONIO: Maestro Leonardo lo mandó a–
LORENZO: No me digas, que no me importa. Cállate y ponte a trabajar.
ANTONIO: ¡No me callo nada y no me pidas que mezcle porque no lo voy a hacer, porque no me sale de los cojones!

Entra **Fray Bandello**.

BANDELLO: ¿Para dónde cogió ahora? Oiga, usted, ¿dónde está su amo?
LORENZO: ¿Quién?
BANDELLO: ¡Su amo!
LORENZO: No sé.
MARCO: Se fue temprano.
BANDELLO: Está con el caballo, ¿verdad?
MARCO: No tengo idea.
BANDELLO: (Aparte) ¡No va a terminar nunca! ¡Nunca! Voy a estar muerto cien años antes de que ese hombre termine. ¿¡Y cómo va a terminar si se pasa de un lado para otro!? ¿¡Cómo!? Viene y se va, se va y viene. A veces está días parado frente a la pintura, con los brazos cruzados, pensando, masticando mentalmente las posibilidades

BANDELLO: *(Cont.)* –miles de posibilidades, siempre contemplando y en profunda reflexión. ¡El verano pasado, cuando el sol estaba en la cúspide y el calor desolaba las calles de Milán, lo vi correr desde el castillo, donde trabajaba en el desgraciado caballo y sin buscar sombra, se apresuró por la vía más corta y se llegó hasta aquí, le añadió uno o dos toques con el pincel, se largó y no se le vio en tres días! *(Pausa)* ¡Y estos mozalbetes! ¡Oh, Dios mío, ¿quién se iba a imaginar que convertirían el comedor en un gimnasio griego!? ¿¡Cuándo acabará esta tragedia!? ¿¡Cuándo!?

Entra **Leonardo.**

LEONARDO: ¡Buenas mañanas, hermano!
BANDELLO: ¡Jesús! ¡Qué me da un infarto!
LEONARDO: No sea optimista, hombre, que a usted no lo mata nadie.
BANDELLO: ¿Se puede saber dónde estaba ayer y antes de ayer y el día antes de antes de ayer? Ellos estaban aquí, pero usted, me imagino que tenía mejores cosas que hacer. No hace ni diez minutos que el padre superior me preguntó, '¿y cómo está la pared?' '¡No está!' le contesté. Aunque le digo que me importa muy poco el padre superior. Él es tan culpable de lo que está pasando como usted y no le voy a permitir que eluda su responsabilidad. Fue él, después de todo, quien creyó que sería una gran idea que usted trabajara en la pared. Yo, jamás–
LEONARDO: Tiene toda la razón, hermano. Usted ha tenido la razón desde el principio. Ahora, ¿por qué no se va? así podemos seguir desperdiciando las horas decorando su convento. *(Pausa)* ¡Marco!

Marco *hala la soga y cae la cubierta para enseñar Cenáculo. Pausa.*

BANDELLO: Pero–¡está igual que hace tres meses!
LEONARDO: ¿No me diga?
BANDELLO: Maestro, ¿sabe usted cuántas protestas yo tengo que sufrir todos los días? ¡Por Dios, que esto es peor que la inquisición!
LEONARDO: ¿Protestas?
BANDELLO: Por la mañana, cuando me estoy preparando para ir a misa, los hermanos me acosan de una manera terrible.

BANDELLO: *(Cont.)* ¡No me desean buenos días, ni me preguntan si va a llover, no! Se reúnen fuera de mi puerta y me hostigan con preguntas impertinentes, como si yo fuera el que los mantiene fuera del comedor. ¿Por qué? ¡Porque quieren saber, porque tienen todo el derecho de saber cuándo el gran Maestro Leonardo va a terminar la pared! ¿¡Cuándo!? ¿Cuándo el agobiante alboroto, la nauseosa peste a trementina, las indignantes manchas de pintura y yeso por dondequiera, además de la insultante conducta de sus–estudiantes–cuándo van a desaparecer? ¿Cuándo va a terminar esta condena, esta invasión? ¡Déjeme decirle, Maestro, cualquier pintor habría acabado hace tiempo!

LEONARDO: Ah, sí, pero el asunto es, mi querido hermano, que cualquier pintor no es Leonardo da Vinci. Ahora, en vez de estar parado ahí como una estaca de cera, ¿por qué no usa su influencia con el Señor y me consigue a Jesús Cristo?

BANDELLO: ¿Cómo dijo?

LEONARDO: Mire, hermano, nos estamos tardando tanto porque llevo más de un año que ni encuentro al modelo para el Cristo ni al modelo para el Judas. ¿Dónde puedo encontrar a un hombre con la bendita bondad que se necesita para posar como Jesús? ¿Y dónde puedo encontrar a un hombre tan odioso, tan malvado que sólo él pueda tomar el lugar del Judas? Vamos, usted se supone que sepa más de esto que yo. ¡Créame, que en cuanto encuentre lo que busco, saldremos de aquí antes de que usted nos ofrezca–un Ave María!

BANDELLO: Eso fue exactamente lo que usted me dijo hace más de un año. ¡Excusas y más excusas! ¡Son pretextos baratos para mortificarnos! *(Pausa)* Oiga, un nuevo hombre llegó anoche del Ticino. Quizás le interese verlo.

LEONARDO: ¿Para qué?

BANDELLO: Puede que le guste.

LEONARDO: ¿Y para qué necesito yo que me guste–un religioso?

BANDELLO: Digo yo, es posible que sea lo que usted busca.

LEONARDO: ¿Para el Cristo o para el Judas?

BANDELLO: ¡No sea irrespetuoso, Maestro!

LEONARDO: Perdone, pero yo he conocido a varios religiosos que estarían perfectos para el Judas.

BANDELLO: ¿Lo quiere ver o no?

LEONARDO: *(Pausa)* ¿Qué puedo perder–aparte de más tiempo? ¿Cómo se llama?

BANDELLO: ¡Marcelino! *(Pausa)* Oh, por poco se me olvida–vino un hombre a buscarlo. *(Pausa)* A decir verdad, eran dos, excepto que uno de ellos era un fraile–no uno de los nuestros. *(Pausa)* Le dije que se llegara hasta aquí, que usted aparecería más tarde que temprano. Imagino que se cansó de esperar. Dios sabe que yo me cansé hace años. ¡Y por favor, mantengan la puerta cerrada! El ruido y la peste es suficiente para–

LEONARDO: ¿No dio su nombre, hermano?

BANDELLO: ¡No!

Mutis **Bandello**.

LEONARDO: Un nombre muy peculiar.

ANTONIO: ¿De quién habla, Maestro?

LEONARDO: De ese Marcelino colega de Bandello.

LORENZO: ¿Por qué?

LEONARDO: A casi todos les ponen nombre de santos.

LORENZO: ¡Pablo!

MARCO: ¡Pedro!

ANTONIO: ¡José!

LEONARDO: ¡Marcelino! *(Pausa)* No, no suena bien.

Telón.

Escena iii

Al mismo tiempo. El castillo; el despacho de **Bernardino**. *Entra* **Salaí**. **Bernardino** *está parado detrás de su escritorio.*

BERNARDINO: ¿Y qué tenemos aquí?
SALAÍ: De parte de Tomasino, mi señor–dulces para la princesa.
LUDOVICO: *(De fuera)* ¡Bernardino!
BERNARDINO: *(Pausa)* Y–¿cómo te llamas, precioso?
SALAÍ: Giacomo Andrea, mi señor.
BERNARDINO: ¿Cuántos años tienes–Giacomino?
SALAÍ: Catorce, vuestra merced.

Bernardino *saca un dulce de la caja y se lo entrega al chico.*

BERNARDINO: *(Pausa)* Prueba uno, por favor–
SALAÍ: Pero–¡es que son para su Majestad!
BERNARDINO: Sí, y hay que asegurarse que no están envenenados.
SALAÍ: ¡Oh, no, mi señor!

Salaí *se come el confite.*

BERNARDINO: Así que tú–¿haces entregas para Tomasino?
SALAÍ: No, señor. Yo–
LUDOVICO: *(De fuera)* ¡Bernardino!
BERNARDINO: *(Aparte)* ¡Maldito sea! *(Pausa)* Perdóname, mi lindo, pero tendremos que continuar nuestra conversación otro día.

Le entrega unas monedas.

SALAÍ: *(Reverencia)* ¡Gracias, mi señor!
LUDOVICO: *(De fuera)* ¡¡¡Bernardino!!!

Bernardino le acaricia la cara a Salaí.

BERNARDINO: ¡Guardia!

Telón.

Escena iv

Al mismo tiempo. El comedor.

Entran **Maquiavelo** *y* **Fray Valentín**.

MAQUIAVELO: ¡Maestro Leonardo!
LEONARDO: ¿Sí? ¿Quién es? Acérquese, que no lo veo.
MAQUIAVELO: El hombre prudente no se deja ver hasta saber si es bien recibido.
LEONARDO: *(Pausa)* ¡Maquiavelo!
MAQUIAVELO: Ah. ¿Reconociste la voz después de tanto tiempo?
LEONARDO: ¡Tu cautela! *(Pausa)* ¡Qué sorpresa tan agradable! ¿Cuántos años hace que no nos vemos? ¿Cinco, seis–?
MAQUIAVELO: Por lo menos.
LEONARDO: ¿Cómo diste conmigo?
MAQUIAVELO: Le pregunté a un pordiosero que se encontraba en la puerta de la ciudad y como eres tan conocido como el Duque, me dijo donde encontrarte–pero el prior, bueno, él nos dijo que no estabas por todo esto. *(Pausa)* Maestro Leonardo da Vinci, éste es fray Valentín. *(Pausa)* Siento no haberte escrito que venía a verte. Sé lo ocupado que estás.
LEONARDO: Ocupado para todos, menos para mis amigos.
MAQUIAVELO: Eres muy gentil. ¿Crees que puedes zafarte de aquí por un par de horas?
LEONARDO: Nada me gustaría más, créeme, pero el prior–ya lo conocieron–no me lo perdonaría. *(Señala a la pared)* Dice que estoy tardando demasiado.
MAQUIAVELO: ¿Cuánto es «demasiado»?
LEONARDO: Tres años. *(Pausa)* Oye, tengo una idea–quiero decir–esta noche–¿por qué no vienen a cenar?
MAQUIAVELO: ¿No me digas que les has enseñado a cocinar a los chicos?
LEONARDO: ¡De todo menos eso! Pero sí tengo una cocinera que es una artista con la salsa.
MAQUIAVELO: En ese caso, ¿cómo puedo rechazar una oferta tan generosa? Además, quiero ver como vive el gran Leonardo, si lo que dicen por ahí, es verdad.

LEONARDO: Te vas a decepcionar. *(Pausa)* ¿Alguna sugerencia, hermano?
FRAY VALENTÍN: Es–es impresionante.
LEONARDO: *(Ríe)* ¡Lo que dice todo el mundo! ¿Qué te parece–como a las siete?
MAQUIAVELO: Siete–muy bien.
LEONARDO: ¿Dónde te estás quedando?–para enviar por ti.
MAQUIAVELO: No hay necesidad. Además, nos vamos esta misma noche. Pero no te preocupes. Yo sé donde vives.

Maquiavelo *ofrece una reverencia y está por salir del comedor, cuando abre la puerta y tropieza violentamente con* **Salaí**.

SALAÍ: ¡Oh, perdone usted, vuestra merced!
LEONARDO: ¡Salaí!
MAQUIAVELO: *(A* **Leonardo***)* Estos chicos–¡son muy animados!
LEONARDO: ¡Si animados significa ser mal educados!

Mutis **Maquiavelo** *y* **Fray Valentín**.

LEONARDO: ¡Porca miseria! ¡No te he dicho mil veces que no corras, esto no es un coliseo! ¡Están aquí para trabajar, no para darles cantazos a la gente!
ANTONIO: ¡El hijo de puta es más torpe que una monja alegre!
SALAÍ: ¡Oye, cabrón, la única alegre es tu madre, maricón!
LEONARDO: ¡Basta!
SALAÍ: Lo siento, Maestro.
LEONARDO: ¿Se puede saber dónde estabas metido?
SALAÍ: Le llevé la nota a Lucca–
LEONARDO: ¡Eso fue hace más de dos horas! ¿Y qué es ese olor que tienes encima?
LORENZO: ¡No se baña hace una semana, Maestro!
LEONARDO: ¡Esto no es asunto tuyo! ¿Es que no tienen nada que hacer? ¡Pónganse a trabajar! ¡Vamos! ¡Disciplina! ¡Disciplina, ya que no tienen dignidad! ¡Antonio!
ANTONIO: ¡Sí, Maestro!
LEONARDO: ¡Busca un balde de agua!
MARCO: Se nos acabaron los huevos.
LEONARDO: Sal y pídele seis o siete a fray Bartolino.

Mutis **Antonio** *y* **Marco**.

LORENZO: Que no le den huevos podridos, Maestro, que lo apestan todo.

LEONARDO: *(Le grita al chico desde la puerta)* ¿Oíste? *(Pausa-a* **Salaí***)* ¿Y tú, qué? *(Pausa)* Te estoy hablando. ¿Qué dijo Lucca?

SALAÍ: Nada.

LEONARDO: ¿Qué te pasa? ¿Por qué esa cara larga? *(Pausa)* Esperemos que envíe a alguien con el pigmento, si no–bueno, olvídate. Ponte a trabajar. Ayuda a–Marco. *(Pausa)* ¿Qué estaba haciendo yo–ah, azul y blanco; plata y oro. El sol de fondo, el verde del pasto puede usar un poco más de brillo. *(Pausa)* Las ventanas necesitan un poco más definición. *(Pausa)* Ah, si sólo supiera dónde encontrarte, mi señor; si supiera dónde encontrarte Judas Iscariote. *(Pausa)* ¡Qué contradicción! Como–un precioso sueño y una vil pesadilla; o una refrescante noche de otoño y una sofocante tarde de verano–agua que se desborda por un cristalino riachuelo en la montaña o una cloaca podrida; luz y el vacío de las tinieblas; el Cristo y el traidor.

Telón.

Escena v

Al mismo tiempo. El castillo; el despacho de **Ludovico**. *Hay una estatuilla de un caballo, en un pedestal en el centro.*

Entra **Bernardino**.

BERNARDINO: Buenos días, vuestra majestad.

LUDOVICO: ¡Ya era hora! ¿Dónde has estado? Llevo horas–

BERNARDINO: Es que parece que me estoy quedando sordo, mi señor. Sólo oí mi nombre rebotando de las paredes como tres veces. Y–naturalmente, en cuanto supe que me llamaba, volé–hasta le brinqué por encima a un arbusto de rosas que–bueno, me desgarró las calzas.

LUDOVICO: Y hablando de «rosas»–

BERNARDINO: *(Aparte)* –o de espinas–

LUDOVICO: –¿dónde está mi esposa?

BERNARDINO: En el jardín, contando mariposas

LUDOVICO: Contando–¿Por qué?

BERNARDINO: Es mi impresión, majestad, que la princesa Beatriz es una dama tan joven e inocente, que su intelecto no se ha desarrollado del todo; por lo tanto, el número de mariposas que habitan los jardines del palacio le estimula su tierna y femenina curiosidad.

LUDOVICO: Sin duda alguna–está perdiendo el tiempo.

BERNARDINO: Ah, sí, pero perder tiempo es la prerrogativa de la princesa, como gastar una fortuna en un gigantesco caballo de bronce es la prerrogativa del Duque.

LUDOVICO: ¿Qué es lo que me estás tratando de decir, que no puedo terminar el caballo?

BERNARDINO: Jamás y nunca. Simplemente le quiero indicar que ese caballo cuesta demasiado. Maestro Leonardo está pidiendo–disculpe, no, Maestro Leonardo nunca pide nada–él exige tanto y tanto bronce para el caballo, que no sé que hacer. Es una cantidad tan y tan exorbitante de metal que, o compramos el bronce en el exterior, lo que va costar una fortuna, o derretimos la mitad de los cañones que protegen la ciudad, lo que le puede costar más caro aún.

LUDOVICO: Tenemos que buscar la manera.

BERNARDINO: Se me ocurre lo siguiente, majestad. ¿Por qué no establece un impuesto ecuestre, a todo aquel ciudadano que posea más de un caballo–para el caballo?

LUDOVICO: *(Ríe)* No me hagas reír. Otro impuesto y nos corren de la ciudad–a ti y a mí. No, no más impuestos. Piensa en otra cosa. Tú sabes mejor que nadie lo que significa ese caballo para mí. ¡Tiene que ser magnífico!

BERNARDINO: Cuesta demasiado.

LUDOVICO: ¿Y si yo digo que no me importa lo que cueste?

BERNARDINO: *(Reverencia)* Usted puede decir lo que guste, majestad.

LUDOVICO: *(Señala a la estatuilla)* No olvides que mi padre llevará las riendas.

BERNARDINO: Lo sé, lo entiendo, y estoy de acuerdo en que el monumento se debe–se tiene que hacer, majestad. Y lo sé, no tengo duda, lo entiendo, y estoy completamente de acuerdo en que el monumento tiene que ser extraordinario. ¿Pero por qué tiene que ser tan enooorrrme?

LUDOVICO: Para impresionar.

BERNARDINO: Por lo que representa, no por su tamaño. Excelencia, si me permite. Este–Maestro Leonardo tiene un hábito muy peculiar. Él infla, expande, amplía, ensancha y lo extiende todo fuera de proporción, dimensión y simetría. Este–artista padece de lo que yo llamo, sentido práctico. Por ejemplo, cuando usted le pidió que pintara un fresco en el refectorio del convento, él pintó, no parte de la pared, como lo habría hecho una persona sensata; no, ¡él pintó todo el lado del edificio! Lo mismo sucede con el monumento a su ilustre padre don Francesco. ¡De aquí a que el Maestro Leonardo termine con el caballo, la estatua va a ser más alta, más ancha, más pesada y más costosa que cualquier otro monumento, obelisco, mausoleo o santuario en el mundo, con la posible excepción de la esfinge, las pirámides de Egipto y el coloso de Rodas!

LUDOVICO: Por lo que veo, estás de malas con el Maestro Leonardo.

BERNARDINO: ¿De malas? ¿Yo? No, no estoy de malas. Como solía decir mi adorada y difunta esposa, «para estar de malas, uno tiene que saber lo que es estar de buenas», y sinceramente, no conozco nada del Maestro Leonardo que me agrade.

LUDOVICO: Vamos, Bernardino, no seas injusto.

BERNARDINO: Quizás lo soy. Carezco de su caridad, mi señor; usted tiende a ver lo mejor en el ser humano. Siempre he dicho que es usted un hombre de mucha, mucha paciencia. Basta decir que el dichoso Maestro me resulta muy antipático. Lo encuentro un presumido petimetre, un pedante–presuntuoso, un hombre con intelecto de miniatura, que oculta sus deficiencias con la arrogancia y la exageración.

LUDOVICO: No me quiero ni imaginar lo que él piensa de ti.

BERNARDINO: Le puedo asegurar que se resiente cuando yo le exijo una contabilidad de sus gastos; y me han dicho–en varias ocasiones–que se siente indignado cuando tiene que venir donde mí para conseguir una cita con vuestra merced. Sí, parece que son muchas las cosas que le molestan al Maestro Leonardo, y eso es muy triste. Todavía no entiende que, con excepción de la princesa Beatriz, todos en este pueblo estamos a la merced del Moro; y que es mi responsabilidad vigilar por el bienestar y la seguridad del ducado. No se supone que yo sea el lacayo de un repugnante, e irreverente payaso cuyo interés principal son los traseros de sus pupilos, pintar paredes y fabricar un *equus colossu.*

LUDOVICO: El problema es que tú no entiendes a los artistas. De todas las criaturas del mundo, son las más egoístas, las más arrogantes y las más–temperamentales.

BERNARDINO: Me he dado cuenta.

LUDOVICO: ¡Pero de otra manera, ¿cómo pueden alcanzar la esencia de la perfección en las profundidades del alma, sin estar engreídos por su pasión? Es imposible, especialmente para un hombre como Leonardo. Créeme que el señor es un genio, un genio de verdad. Nadie puede crear algo tan imponente como este caballo. ¡Nunca he visto nada más bello! ¡Observa qué ojos; abrasan con una mirada imperiosa e indomable! Fíjate en el delicado contorno de sus extremidades–de los tendones y los músculos! ¡Es irresistible belleza, revestida en un puño de arcilla!

BERNARDINO: *(Aparte)* Poético, quizás, aunque no viene al caso.

LUDOVICO: De todos modos, no vale la pena alterarse por el tamaño del caballo, ni por lo que pueda costar. Estos alardes de malhumor alteran la temperatura del cuerpo, inquietan las entrañas y enferman a uno. Hablaré con el Maestro Leonardo a su debido tiempo para ver qué se puede hacer.

SONIDO: Una campanita.

Pausa. Mutis **Bernardino**.

BERNARDINO: *(De fuera)* ¡Oye, tú! Ve al jardín–con la princesa y quédate con ella. ¡Me avisas inmediatamente si ella sale de allí!

Entra **Cecilia**, *por detrás de la pared.*

LUDOVICO: *(Asustado)* ¡Adoradísima! ¿¡Qué haces!? ¡Mira que Beatriz se puede aparecer en cualquier momento!

CECILIA: No te preocupes, querido. Ella está muy entretenida en el jardín. Y mientras ella se distrae con sus juegos infantiles, yo disfruto de mi enamorado.

LUDOVICO: Amor, no sabes cuánto me remuerde la conciencia por haberte desatendido. No tienes idea de lo que te quiero. Pero, lamentablemente–

CECILIA: Lamentablemente no tiene nada que ver con nada, Ludovico. Di, «pero Beatriz», y te entiendo perfectamente.

LUDOVICO: ¿Cómo puedo compensar tu gentileza, tu comprensión?

CECILIA: *(Ríe)* No puedes.

Entra **Bernardino**, *asustado.* **Cecilia** *ríe a carcajadas.*

LUDOVICO: *(A* **Bernardino***)* ¿Qué pasa? *(A* **Cecilia***)* ¡No, querida, no te rías! ¡Beatriz viene de camino! Por favor, te lo ruego, ¡regresa a tu despacho!

CECILIA: ¿Y si no quiero?

LUDOVICO: Cecilia, mira que ya tengo bastante, no necesito más dolores de cabeza. Beatriz–sabes que tiene muy mal genio–¡es muy celosa!

CECILIA: ¡Es una chiquilla!

LUDOVICO: ¡Sí, lo es, mi amor, tienes toda la razón!

CECILIA: ¿Entonces, por qué no la ignoras?

LUDOVICO: ¡Cecilia, basta! ¡Esto–esto no es digno de ti! ¡Te estás comportando como–como Beatriz! ¿Por qué me estás haciendo la vida tan difícil?

CECILIA: ¡Porque te amo!

LUDOVICO: Y yo te amo a ti también. Es más, no te amo, ¡yo te adoro! Oye–¿por qué no nos pasamos un par de días en Vigevano? Tú y yo, solitos. ¿Qué te parece la idea?
CECILIA: ¡Un espanto! En ese sitio no hay nada que hacer más que jugar con las vacas y perseguir ovejas. No, mi amor, rehuso convertirme en una campesina. Además, no soporto el olor del campo.
BERNARDINO: *(Con miedo)* ¡Vuestra merced!
LUDOVICO: *(A* **Cecilia***)* Como quieras. Pero ahora–¡mejor regresa a tus habitaciones!

Mutis **Cecilia, Lateral Derecho**.

Entra **Beatriz, Lateral Izquierdo**.

LUDOVICO: ¡Miren quien llegó! *(Pausa)* Dime, mi adorada, ¿cuántas encontraste?
BEATRIZ: ¿Cuántas? ¿Cuántas qué?
LUDOVICO: Mariposas.
BEATRIZ: Oh, perdí la cuenta en quinientas cincuenta. ¿Y sabes por qué perdí la cuenta? *(Dulce)* Porque perdí la concentración. ¿Y sabes por qué perdí la concentración? *(Pausa)* Porque al levantar la mirada para observar una preciosa mariposita–amarilla con manchas azules y rojas que volaba más alto que las demás–me fijé en una doncella que se paseaba por el pórtico; y creo que le dicen Cecilia. ¿La conoces?

Mutis **Bernardino**.

BEATRIZ: ¿Qué hace Cecilia Gallerani en Milán?
LUDOVICO: ¡Mi amor, por favor!
BEATRIZ: ¡Me prometiste sacarla de la ciudad!
LUDOVICO: ¡Lo hice! ¡Regresó!
BEATRIZ: ¡La mandaste a buscar!
LUDOVICO: Pero ¿cómo puedes pensar semejante cosa, cariño? ¡Sé razonable, por Dios!
BEATRIZ: *(Voz baja)* ¡Razonable! ¡¡Razonable!! ¿Esperas que sea razonable cuando mantienes a tu querida en el palacio?

LUDOVICO: Por favor, ¡Qué yo no mantengo a nadie en ningún sitio! Escucha, Cecilia–Cecilia es una amiga de muchos años y está de visita en Milán. Yo no puedo evitar que ella–

BEATRIZ: *(Grita)* ¡Sí, puedes! ¡Oh, y pensar que permites a esa puta vieja aquí, bajo mis narices!

LUDOVICO: Beatriz, eso no es justo. Lo que quiero decir–mi amor, es que–bueno, Cecilia no es puta, y no es vieja.

BEATRIZ: ¿No me digas? ¿De verdad? ¡Esa bruja tiene por lo menos–veinte años! *(Pausa)* ¿A qué huele?

LUDOVICO: ¿Qué?

BEATRIZ: ¡Perfume! ¿¡No me digas que esa arpía se atrevió venir hasta aquí!?

LUDOVICO: Pero mira que a ti se te ocurren cosas. Lo que hueles es–es Bernardino. Le ha dado con la última moda de–Francia, sabes que esa gente no usa agua y jabón, y se bañan con–

BEATRIZ: *(Sollozando)* ¡La quieres más que a mí!

LUDOVICO: No, por favor, no. Mira que no puedo verte así. ¡Me destrozas el corazón! ¡Yo te adoro, tú eres todo para mí!

BEATRIZ: Me voy. Me voy con mi hermanita para Mantua. Le voy a pedir a Isabella que me consiga entrada en un convento.

LUDOVICO: No digas eso. Sabes lo que significas para mí. ¡Eres el sol que acoge mis mañanas! ¡Eres la luna que inspira y nutre mi pasión!

BEATRIZ: *(Voz baja)* ¡No, no, no! Me voy para Mantua.

LUDOVICO: ¿Y qué de mí? ¿Me abandonarías? ¿Me dejarías solo?

BEATRIZ: Solo, no. *(Grita)* ¡Quédate con tu puta! ¡Con Cecilia Gallerani!

LUDOVICO: *(Pausa)* Bien, como tú quieras, mi amor. Le diré a Bernardino–

BEATRIZ: ¡No! ¡Yo se lo diré! ¡No quiero que ese lambe-culo malinterprete mis órdenes!

LUDOVICO: ¿Lambe-culo? *(Aparte)* Increíble. ¡Estoy rodeado de gente agriada! *(Llama)* ¡Bernardino!

Entra **Bernardino.**

BERNARDINO: ¿Excelencia? *(Pausa)* Mi señora–

BEATRIZ: ¡Dígale a Cecilia Gallerani que tiene veinticuatro horas para largarse de la ciudad–de esa manera, nos evitamos malentendidos! *(Pausa-ve la estatuilla)* Oh, ¿pero qué es esto? ¡Es demasiado bello para ponerlo en palabras! ¡Oh, qué precioso! ¡Qué maravilla!

LUDOVICO: ¿Verdad que si?

BEATRIZ: Aunque ya sabes lo mucho que me gusta su trabajo. ¿Dónde está?

LUDOVICO: No–no sé. ¿Quieres que envíe por él? Estoy seguro de que el Maestro Leonardo estaría dispuesto a soltar lo que esté haciendo para atenderte a ti, mi amor.

BEATRIZ: Oh, no me gustaría importunar al Maestro Leonardo.

BERNARDINO: *(Aparte)* ¿Por qué no? ¡Usted importuna a todo el mundo!

LUDOVICO: ¿Bernardino?

BERNARDINO: Digo–Esperemos que el Maestro Leonardo se encuentre en el comedor de la iglesia, trabajando en la pared, la cual lleva pintando más de tres años.

LUDOVICO: ¿Cómo? ¿Tres años? Tanto tiempo?

BERNARDINO: Tanto tiempo.

LUDOVICO: Es culpa mía. Le sigo dando cosas que hacer.

BERNARDINO: Eso es verdad, vuestra majestad. Pero también es verdad que al Maestro Leonardo le encanta experimentar e improvisar, algo que usted no debería permitir, porque el que paga las deudas es usted.

LUDOVICO: Tres años. Es demasiado, ¿no cree?

BERNARDINO: No, creo–estoy seguro.

BEATRIZ: Tú crees que es posible–oh, ¡sé que me vas a decir que no, lo sé!

LUDOVICO: *(Ríe)* ¿Qué? Dime.

BEATRIZ: ¿Crees que el Maestro Leonardo podrá hacerme algo fabuloso de vestir para el baile de máscaras?

LUDOVICO: ¿Qué baile–? ¡El baile de máscaras! Pues–sí, naturalmente que sí. Digo, ¿qué clase de pregunta es ésa? Estoy segurísimo de que a él le deleitará ayudarte en lo que pueda, ya verás. *(A* **Bernardino***)* ¡Te digo, no hay quien pueda con ella!

BERNARDINO: *(Aparte)* No a su edad.

BEATRIZ: *(A* **Bernardino***)* Sabe, quizás veinticuatro horas no son suficientes. Dígale a Cecilia Gallerani que tiene treinta y seis horas–eso es tiempo de más para que empaque

BEATRIZ: *(Cont.)* –sus fajas y sus pelucas. *(Pausa)* ¡Bueno, me voy! ¡Salgo a–a inspirar a todos con mi presencia!

Mutis **Beatriz.**

LUDOVICO: ¿Por qué es que cada vez que estoy con ella, me siento como un tonto? No hay manera de–

BERNARDINO: ¡Ah! Belleza y juventud, majestad. Es la irresistible combinación que esclaviza a la humanidad y entorpece las facultades de aquellos pobres que no gozan ni de la una ni de la otra.

LUDOVICO: *(Pausa)* ¡Olvida eso! ¿No le advertí a Cecilia que no enseñara la cara?

BERNARDINO: Sí, vuestra majestad. Usted se lo advirtió.

LUDOVICO: ¡Estabas presente!

BERNARDINO: Sin duda alguna.

LUDOVICO: ¡Fíjate en el lío en que me ha metido! ¿¡Qué carajo tiene que estar paseándose por los pasillos, cuando sabe que Beatriz o una de sus damas, la puede ver!? Bueno, esto se acabó. Mira a ver si entre esa gente que tú conoces, le encuentras un marido a Cecilia. Alguien con dinero. Así, no me costará nada.

BERNARDINO: Un marido–rico para Cecilia Gallerani.

LUDOVICO: A menos que prefiera entrar a un convento.

BERNARDINO: Veré lo que puedo hacer. ¿Algo más, su majestad?

Ludovico *le da la espalda y no responde.*

BERNARDINO: Bien. Entonces lo dejo solo para que pueda reflexionar sobre el destino del–caballo.

Él se inclina con tanto entusiasmo en su reverencia que la pluma del sombrero le hace cosquillas al revestimiento.

Telón.

Escena vi

Esa misma noche. La vivienda de **Leonardo**. *El artista atiende a* **Maquiavelo** *y* **Fray Valentín**, *luego de cenar.* **Lorenzo**, **Antonio**, **Marco** *y* **Salaí** *están sentados alrededor, mientras* **Sofía** *recoge y limpia la mesa.*

MAQUIAVELO: Jamás imaginé que vivías en un palacio.
LEONARDO: Se hace lo que se puede.
MAQUIAVELO: ¿Cuán grande es esta casa?
LEONARDO: En los bajos hay cinco cuartos, incluyendo mi laboratorio, y en los altos cuatro–
MAQUIAVELO: ¿Un laboratorio?
LEONARDO: Es donde me paso horas de horas tratando de convertir algo en–otra cosa.
MAQUIAVELO: ¿Por ejemplo?
LEONARDO: *(Pausa)* Bueno–como esto.
MAQUIAVELO: ¿Qué es?
LEONARDO: Es una combinación de pigmento, cera de abeja y otros ingredientes. Cuando se mezcla con pintura o con tinta, poco a poco lo que uno escribió o pintó, puf, deja de ser.
MAQUIAVELO: Quieres decir que–
LEONARDO: –desaparece por completo.
MAQUIAVELO: Pero–eso es una contradicción. Los artistas añoran la inmortalidad. Tu invento permite que su trabajo no perdure.
LEONARDO: Así son los adelantos de la ciencia, mi estimado y distinguido amigo. Algo que parece inútil en el presente, más tarde puede ser lo contrario. *(A* **Fray Valentín***)* Oiga, hermano, usted–usted no ha dicho dos palabras en toda la noche. ¿Tomó un voto de silencio?
FRAY VALENTÍN: *(Ríe)* A decir verdad, prefiero escuchar–así aprendo más.
LEONARDO: ¿Oyeron eso, chicos? ¡Lorenzo–Salaí!
MARCO: *Yo* lo oí, Maestro.
LEONARDO: *(A* **Maquiavelo***)* ¿Te gustó la cena?
MAQUIAVELO: *(A* **Sofía***)* Todo estuvo exquisito. Maestro Leonardo tenía razón cuando dijo que usted era una artista.

SOFÍA: ¿Una artista? ¿Yo? Él es muy gentil, mi señor, porque yo no se hacer otra cosa que darle un poco de sabor a la comida.

MAQUIAVELO: No se menosprecie, señora.

SOFÍA: No es que me precie menos, me precie igual, o me precie de más, vuestra mercé. Yo conozco mis limitaciones, mi señor. Nunca fui gran cosa, no como mi hermanita, que es muy importante, ¿sabe? Ella se asocia con los soberanos.

MAQUIAVELO: ¿No me diga?

SOFÍA: Pues, sí que le digo, mi señor. Ella trabaja en el castillo. Eso sí, no quiero que vuestra mercé me malinterprete. A mí me encanta servirle al Maestro Leonardo y trabajar para él tiene su recompensa. Es muy bondadoso. *(Pausa)* ¿A que no sabe que él va al mercado y compra toda clase de pajaritos y en vez de traérmelos para que yo los meta en el guiso, los pone en libertad? Tiene un verdadero corazón de oro.

MAQUIAVELO: Lo sé. *(Pausa)* Y dígame–su hermana–

SOFÍA: ¿María? ¿Quiere saber de María?

LEONARDO: *(A* **Maquiavelo***)* No–en verdad que no–

MAQUIAVELO: *(Ríe)* Oh, sí–¡seguro que sí!

SOFÍA: *(Pausa)* Es la más joven. Le llevo diez años, aunque nunca lo diría de verla, ¿sabe? Es su trabajo; ya no es una muchacha dulce y tranquila, no señó. Esa pobre no es más que una agriada, un paquete de nerviosidad. Una pena, porque la pobre antes era tan alegre y dispuesta. Eso era antes de que se pasara los días inquietándose por to y poniendo mala cara.

MAQUIAVELO: ¿Y eso por qué?

SOFÍA: *(Pausa)* Ella–mi niña, quiero decir–trabaja en la cocina del palacio.

MAQUIAVELO: ¿Otra cocinera?

SOFÍA: ¡Ya quisiera yo, pero no! No, vuestra merced. Mi niña prueba la comida de sus majestades, antes de que se coman un bocado. Si me pregunta a mí, yo creo que mi niña se echa todo al pecho, ¿me entiende? Después de todo, ¿quién quisiera envenenar a nuestro querido Príncipe o a su adorada esposa? Milán nunca ha estado en mejores manos. La gente quiere al Moro, mi señor, y a su Beatriz, que es la más bella y la más querida de todas las princesas. Y quien diga, vuestra merced, ¡el Moro ha hecho maravillas en esta ciudad!

MAQUIAVELO: *(A* **Leonardo***)* ¿Por qué es que a Ludovico le llaman «el Moro»?

LEONARDO: ¿Es que nunca lo has visto? Es trigueño–

SOFÍA: Oh, pero no tan trigueño como un moro, mi señor. Yo he conocido varios moros y Ludovico no es ningún moro.

MAQUIAVELO: Entonces, si la entiendo, usted cree que su hermana no corre riesgo.

SOFÍA: Bueno, nadie la va a envenenar a propósito, pero digo yo, mala cocina es mala comida.

MAQUIAVELO: No entiendo–

LEONARDO: ¿Por qué no cambian de tema? No creo que esta conversación sea apta para la mesa. ¿No le parece, hermano?

MAQUIAVELO: Maestro, le ruego un poco de paciencia. *(A* **Sofía***)* Recuerde que el Maestro padece de un estómago–delicado.

SOFÍA: Oh, ¡si no lo sabré yo, mi señor! *(Pausa)* Hace dos años, el Moro se buscó un fanfarrón napolitano para que le cocinara. Un día, el bruto decide ponerse creativo y resuelve preparar hígado en una salsa espesa, con setas, cebollas y vino. Para qué hablar. Hígado puede ser bueno como hígado puede ser malo, y mi pobre niña se enfermó y el Duque creía que se había envenenado. Mejoró, sabe, pero no hasta que lo echara todo para fuera–no sólo el hígado que se comió, sino las cebollas las setas el vino–y hasta un pedazo de su hígado también. Al cocinero napolitano–que en la gloria esté–lo torturaron y lo ahorcaron un día antes de que mi niña se recuperara. Y por eso yo siempre digo que la cocina no es sitio para nadie ser artista.

LEONARDO: Salaí–

SALAÍ: ¿Maestro?

LEONARDO: Despídanse de nuestros invitados. Hagan algo, por Dios–tú también, Lorenzo. Antonio, tú y Marco ayuden a Sofía, vamos.

SOFÍA: No necesito ayuda, Maestro. Además, es más lo que molestan que otra cosa.

LEONARDO: Ayúdenla, por favor.

LORENZO: Sí, Maestro.

Mutis los chicos y **Sofía**. *Pausa.*

MAQUIAVELO: *(Ríe)* ¿¡Te imaginas la mirada del pobre hombre, parado con una soga al cuello, listo para decirle adiós al mundo, y todo porque una campesina se cagó encima!?

LEONARDO: ¡Basta, por favor!

FRAY VALENTÍN: Maestro–

LEONARDO: Diga, hermano–

FRAY VALENTÍN: Oí que su caballo–el monumento para la casa de Sforza–es gigantesco.

LEONARDO: Bueno, lo que pasa es que Ludovico me pidió que fuera un monumento espectacular, y pues, estoy cumpliendo con mi deber.

Les enseña un dibujo.

LEONARDO: Pero, hablando de caballos, ¿me van a decir por fin qué los trae a Milán?

MAQUIAVELO: Yo tenía ganas de verte–

LEONARDO: Y mucho que me alegro.

MAQUIAVELO: –y en el camino, me encontré con fray Valentín; viene a pedirle dinero a Ludovico. Le advertí que es más fácil sacarle un diente a un elefante que dinero a la realeza.

LEONARDO: Muy cierto.

FRAY VALENTÍN: Es–es para una noble causa.

MAQUIAVELO: Quiere construir una escuela.

FRAY VALENTÍN: *(Pausa)* Sí, detrás de la iglesia de San Juan.

LEONARDO: ¿San Juan? *(A* **Maquiavelo***)* Yo no recuerdo esa iglesia en Florencia.

FRAY VALENTÍN: San Juan, en Bérgamo.

LEONARDO: ¿Bérgamo? *(A* **Maquiavelo***)* ¿Tú vienes de Florencia, y él de Bérgamo?

MAQUIAVELO: ¿Y quién te dijo que yo vine de Florencia?

LEONARDO: Oh.

FRAY VALENTÍN: Lo que pasa es lo siguiente. Estamos haciendo un esfuerzo por enseñarles a leer y escribir a los niños, no a los niños ricos, sino a los chicos y chicas del pueblo y del campo, a los pobres. Creemos que es un pecado sentenciar a toda una generación–a ese precioso recurso que son nuestros niños–a la ignorancia. ¿Cómo podemos permitir que crezcan sin aspirar al futuro?

FRAY VALENTÍN: *(Cont.)* Porque para tener ambición, para tener esperanza, hay que tener por lo menos un grado de comprensión. El problema es que nuestro pueblo es muy pobre, y la educación parece pertenecerle a la gente adinerada. ¿Y qué de los cientos de miles de niños nacidos en la miseria; esa generación que algún día va a heredar la patria? ¿A qué puede aspirar Italia si sus hijos son analfabetos? Desafortunadamente, mis reclamos no impresionan a mis superiores, y se nos está haciendo más y más difícil continuar nuestro trabajo. Me avergüenza decir que a la iglesia no le importa. Es como si fuera el dominio exclusivo de la clase privilegiada. Eso no se puede permitir. La iglesia tiene el deber de defender la verdad y la justicia. *(Pausa)* Le pido disculpas, Maestro–amigo Maquiavelo. Estoy hablando sandeces.

LEONARDO: ¡No, no, no! Hermano, le ruego–continúe.

FRAY VALENTÍN: Fue cuando se me ocurrió pedirle ayuda al Moro.

MAQUIAVELO: *(A* **Leonardo***)* Y yo le dije que a los príncipes no les conviene educar al pueblo.

FRAY VALENTÍN: ¡Pero hay que hacer lo posible! Tenemos que seguir lo que nos dicta la conciencia, si no, negamos la más preciosa y divina ofrenda que nos hace nuestro Señor Todopoderoso–¡la inspiración del intelecto!

MAQUIAVELO: Hermano, me encanta como se expresa. Una pena que esté perdiendo el tiempo.

FRAY VALENTÍN: Le escribí varias cartas al duque, sin recibir contestación alguna. Por eso decidí correr el riesgo de venir hasta Milán, para presentarle nuestro caso en persona. Todo ha sido un fracaso. Llevo cinco días y no he podido lograr ni que me dejen entrar al castillo, y se me ha hecho tarde, tengo que regresar a Bérgamo.

MAQUIAVELO: *(A* **Leonardo***)* Fue entonces que le mencioné a fray Valentín que mi amigo, el más prodigioso artista de todo el mundo, el gran Leonardo–

LEONARDO: ¿Yo?

MAQUIAVELO: –trabajaba para el Duque de Milán, y que yo estaba seguro de que tú, no solamente simpatizarías con su causa, sino que harías lo posible por conseguirle una entrevista con Ludovico, aunque sé lo ocupado que estás con el monumento del caballo, y fabricando armas para el Moro.

LEONARDO: ¿Cómo «caminando a la plaza del toro»?

MAQUIAVELO: No, no «caminando a la plaza del toro». Fabricándole armas al Moro. Armas, ¿entiendes? Fusiles, cañones–armas de fuego y quien sabe.

LEONARDO: ¿Quién te dijo eso?

MAQUIAVELO: ¿Es cierto, no?

LEONARDO: *(Pausa)* Sí y no. Llevo años diseñando armas.

MAQUIAVELO: No lo sabía.

LEONARDO: Desde muchacho. ¿No recuerdas? Y sí, se las ofrecí a Ludovico; hasta le escribí una carta con todos los detalles, explicándole lo que se puede lograr con mis armas. Pero no le interesa. Es una pena. Esas armas–mis armas, le darían una ventaja increíble en el campo de batalla.

MAQUIAVELO: ¿Por qué se las ofreciste a Ludovico? ¿No sabes que Francia está por lanzarse contra Milán? Y entonces, ¿qué? Él se queda sin ducado, y tú sin empleo. Es mejor que empieces a velar por tus intereses, mi muy estimado amigo. A Ludovico no le queda mucho tiempo.

LEONARDO: Espero que estés equivocado. No sé si sabes esto–no hay razón por que saberlo–pero yo dejé Florencia hecho un don nadie. El Moro me recibió con los brazos abiertos. Es más, él me ha dado la libertad para crecer. Quiero que sepas que yo hago lo que quiero en los calabozos; hasta me hice amigo de los verdugos y me permiten trabajar en los cadáveres.

MAQUIAVELO: Trabajar en–¿A qué te refieres?

LEONARDO: Los diseco para hacer dibujos anatómicos.

MAQUIAVELO: ¿¡Cómo!? ¿Me quieres decir que Leonardo da Vinci se ha convertido en un necrófilo?

LEONARDO: En un científico; haciendo cosas que nadie ha hecho antes. Y todo lo que tengo–esta casa, mi lugar en la corte, todo se lo debo a Ludovico. Es verdad que a veces pasan meses y no me paga, que pierdo mi tiempo en tonterías, pintando paredes, diseñando monumentos, y hasta–y esto no lo vas a creer–diseñando fajas para la princesa, pero él hace lo que puede, y tarde o temprano, me recompensa–a su manera. Es un hombre muy bondadoso, sin pretensiones; una persona que encuentra placer en la música, en el arte y la poesía. ¿Y qué importa si no posee el genio para reprimir y asesinar a su gente, como hacen muchos en este país demente en el que vivimos?

MAQUIAVELO: ¿A quién te refieres?

LEONARDO: Depende. En Florencia tienes a los Médici; en Roma–bueno, es que los Borgia verdaderamente no tienen igual; empezando con esa bestia asesina César, que mató a su hermano, a su propia sangre, sólo para satisfacer su ambición por el poder.

MAQUIAVELO: ¡No me digas!

LEONARDO: Tú bien sabes que es verdad. César Borgia es un déspota, la pura personificación del diablo en la tierra.

MAQUIAVELO: Pero Maestro, César es un príncipe de la iglesia.

LEONARDO: ¿No lo crees un insulto? Pero, qué esperas, su padre, su perfecta Santidad Alejandro VI, Sumo Pontífice, Vicario de Roma, no es más que un gusano español, que prefiere a su propia hija sobre todas las mujeres.

MAQUIAVELO: ¡Maestro!

LEONARDO: *(Pausa)* ¡Mi querido hermano, le pido mil disculpas! Perdóneme. Estoy hablando idioteces. ¡De ninguna manera pretendo ofender a un religioso!

FRAY VALENTÍN: Yo soy un hombre sencillo, Maestro. No me involucro en la política.

LEONARDO: A eso precisamente me refería. *(A* **Maquiavelo***)* ¡Él y cientos de miles como él, hombres honestos, que luchan por la fe–ellos son la iglesia–no ese soldado-político sentado en el trono de Pedro!

MAQUIAVELO: Bueno, y entonces, ¿qué dices, esas armas tuyas, son secretas?

LEONARDO: ¿Cómo van a ser secretas si tú sabes de ellas? Mira–

Le enseña sus dibujos.

MAQUIAVELO: ¿Qué es eso?

LEONARDO: Mi máquina voladora.

FRAY VALENTÍN: ¡Qué simpático! *(Pausa)* ¿Y–Vuela?

LEONARDO: No–todavía no. *(Pausa)* Esto es una bomba. La diseñé con aletas para que pudiera ser disparada desde un cañón pequeño.

MAQUIAVELO: ¿Aletas?

LEONARDO: Para estabilidad en el aire.

MAQUIAVELO: Si usted lo dice.

LEONARDO: Este es un vehículo blindado con armas de fuego montadas en la parte de arriba para proteger a los soldados que se mantienen detrás. Y estos son dos conceptos de guadañas mecánicas haladas por caballos, que se suponen talen a los soldados enemigos.

MAQUIAVELO: Por lo que veo–los caballos también peligran.

LEONARDO: *(Pausa)* Bueno, es que–todavía necesita unos–ajustes.

MAQUIAVELO: Ah, esto sí lo reconozco.

LEONARDO: Una ballesta gigante. Se necesitan una docena de hombres para trabajarlo.

MAQUIAVELO: Pero–¿Es que no sabes que las flechas ya no están de moda. Pasaron a otros tiempos.

LEONARDO: Como dije anteriormente–

MAQUIAVELO: *(Ríe)* –también necesita ajustes. *(Pausa)* ¿Y eso?

LEONARDO: Un barco sumergible.

FRAY VALENTÍN: ¿Un qué?

LEONARDO: Un barco que navega debajo del agua. Mi idea es que salga de pronto a la superficie, sorprendiendo y destruyendo los buques enemigos.

MAQUIAVELO: Para mí, barco debajo del agua es un barco hundido.

LEONARDO: Ése es el problema con ustedes los políticos. ¡Son demasiado prácticos! *(Pausa)* Te digo, Nícolo, que lo único que necesito es dinero para experimentar y lograr mis ideas.

MAQUIAVELO: Y yo le digo, mi ilustre señor, que con su desenfrenado optimismo, usted no tendrá dificultad alguna para encontrar uno de tantos déspotas que darían lo que no tienen por convertirse en un todopoderoso. De esa manera, estoy seguro de que vuestra merced se podrá dedicar de lleno a las ciencias militares.

LEONARDO: Siento como si *vuestra merced* estuviera burlándose de mis quehaceres.

MAQUIAVELO: No se me ofenda, vuestra merced, que yo no me río de todo el mundo. Yo sólo me río de aquéllos que aprecio mucho, y usted es primero en mi lista.

LEONARDO: ¡Qué atrevida es la ignorancia!

Ríen.

MAQUIAVELO: ¡Vuestra merced tiene mucha razón!

LEONARDO: ¡Y la insolencia de nada te va a servir para adivinar lo que es esto!

MAQUIAVELO: De nuevo, tiene usted toda la razón. ¿Qué dice el hermano Valentín?

LEONARDO: *(Pausa)* Es un arma de fuego, pero no un arma de fuego común y corriente, ¡no! Dispara proyectiles, miles, uno detrás del otro a increíble velocidad, como una lluvia de fuego. Si la montas en una torre, podrías destruir a miles de soldados enemigos en minutos. Esto puede revolucionar el arte de la guerra, es más, puede que acabe con las guerras.

FRAY VALENTÍN: ¿Cómo?

MAQUIAVELO: No sé si se da cuenta, hermano, que mi amigo, el ilustre Leonardo da Vinci es un hombre de muchas–pero muchas contradicciones. No come carne pero no le molesta en lo más mínimo disecar los muertos. Habla mucho en contra de los estragos y la brutalidad de la guerra, sin embargo, lo posee un interés por las armas para la destrucción en masa. *(Pausa)* Ah, y no nos podemos olvidar que yo he visto a este caballeroso y gentil señor–quien goza de unas manos tan exquisitamente delicadas–con dedos que no son otra cosa sino los instrumentos de creación de un gran artista–que yo lo he visto–sin ayuda de nadie–darle una tunda a dos tipos enormes–canteros, creo que eran.

FRAY VALENTÍN: *(Pausa)* A todo esto, Maestro, ¿por qué dice usted que estas armas eliminarían las guerras?

LEONARDO: Las armas–mis armas, sólo tienen que usarse una vez. Después que se riegue la voz, yo le garantizo que no habría Príncipe, Duque, ni Papa, que se atreviese a enfrentarlas. En otras palabras, estas armas se convertirían en herramientas, no para la destrucción, sino para la manipulación política. En cuanto un estado se amenaza, él mismo se rinde antes de confrontar una realidad desastrosa.

MAQUIAVELO: Siento no estar de acuerdo con vuestra merced, y más siento decirle que está usted totalmente equivocado. En vez de eliminar la guerra, presumiendo que las máquinas funcionen–

LEONARDO: ¿Y por qué no van a funcionar? Su construcción es una realidad de los más básicos fundamentos científicos.

MAQUIAVELO: Fundamentos científicos sin comprobar. Pero no te ofendas; te voy a dar el beneficio de la duda. Supongamos que tus armas funcionan, el único resultado sería que le permitirían a cualquiera con suficientes recursos la fácil conquista. Es una proposición peligrosa, Maestro, y usted podría verse en un aprieto.

LEONARDO: *(Pausa)* ¿Aprieto?

MAQUIAVELO: Sí, porque digamos que se riegue por ahí que Ludovico te está pagando para que tú le fabriques armas–extraordinarias, confiriéndole superioridad militar sobre los otros principados. Demás está decirte que no durarías una semana, porque los enemigos del Moro te mandarían a matar.

LEONARDO: *(Pausa)* Nunca pensé en eso.

MAQUIAVELO: Mi consejo a vuestra merced–mi queridísimo y muy estimado Maestro, es que mantengas tu interés en lo militar debajo de la almohada.

LEONARDO: *(Pausa)* Comoquiera que sea, las armas no existen, así que nadie tiene que sentirse amenazado. *(Pausa)* Fray Valentín, Hermano, si me permite–¿tendría algún inconveniente con que yo lo dibujara? Le prometo que no tardaré ni diez minutos.

FRAY VALENTÍN: ¿Dibujarme–para qué?

LEONARDO: Para la pared.

MAQUIAVELO: ¿La del comedor?

FRAY VALENTÍN: *(Pausa)* Bueno, si cree que le va a ayudar en algo.

LEONARDO: ¡Y cómo! *(Llama)* ¡Lorenzo!

MAQUIAVELO: Si no me equivoco, habían dos caras por terminar, Maestro.

LEONARDO: El Cristo y el Traidor.

FRAY VALENTÍN: Como hombre de Dios, creo que representar a nuestro Divino Señor es una injuria; pero como quiera que sea, aunque pecador, no me gustaría pasar a la historia como la cara del Judas.

LEONARDO: ¡Naturalmente que no, hermano! Y no es por nada pero a mí me parece que usted ha encontrado su vocación. Su devoción es admirable; es precisamente lo que se supone que la iglesia represente. Usted lleva consigo los fundamentos del Cristo; tan es así, que me encantaría ver si puede caminar sobre las aguas del lago.

FRAY VALENTÍN: *(Ríe)* ¡Maestro, por favor!

Entra **Lorenzo.**

LORENZO: ¿Maestro?
LEONARDO: Libreta y lápiz–¡rápido!

Mutis **Lorenzo.**

LEONARDO: Nícolo, ¿sabes lo que oí?
MAQUIAVELO: No tengo idea–tú oyes tantas cosas.
LEONARDO: Dicen por ahí que trabajas para la República.
MAQUIAVELO: Sí–pertenezco al Concilio.

Entra **Lorenzo.** *Le entrega a* **Leonardo** *su libreta y sus lápices.*

LEONARDO: Gracias. Puedes retirarte.

Mutis **Lorenzo.**

LEONARDO: *(A* **Maquiavelo***)* Ahora entiendo por qué estás en Milán. ¡Les preocupa Ludovico!
MAQUIAVELO: Créeme, Leonardo, Florencia tiene cosas más importantes en las que perder su tiempo.
LEONARDO: ¿Savonarola? Dicen que está despistado
MAQUIAVELO: *(Pausa)* ¿Sabes la diferencia entre tú y yo, Leonardo? Eres muy–cómo se dice–muy crédulo. Tú crees todos los chismes que oyes, sin pedir cuentas ni explicaciones, y peor aún, entonces repites esas mismas sandeces aunque no tengan base ni razón. Me imagino que esa ingenuidad es parte de la personalidad de todo artista; algo les atrae y dibujan lo que ven, pasando por alto lo que verdaderamente importa, la esencia subyacente del ser. *(Pausa)* Un ejemplo. Aquí tenemos al hermano Valentín, a quien conociste apenas esta mañana. Fray Valentín es un hombre apuesto, inteligente, quien te ha cautivado de tal manera que tú estás convencido que él lleva consigo la caridad y el amor por el prójimo de un verdadero hombre de Dios. Tan es así, que has decidido usarlo como modelo para el Cristo de tu pintura aunque no sabes nada de él y no te interesa saber más de lo que él te ha dicho; y lo que él te ha dicho es ni más ni menos lo que él quiere que tú sepas de él.

LEONARDO: *(Dibujando)* Mi célebre compatriota, hay personas que miran al cielo y piensan, «¡Qué lindo día!» Tú no. Tú miras el cielo y piensas que va a llover.

MAQUIAVELO: No. Yo miro al cielo, y si veo muchas nubes negras, entonces busco un lugar donde pasar el aguacero; donde tú ves la tormenta que se aproxima y rezas para que salga el sol. *(Pausa)* Yo no me dejo llevar por chismes ni por apariencias, ni por escudos de armas ni por vestimentas de gran lujo, ni tan siquiera por mandatos divinos. Yo entiendo que sólo se puede conocer a una persona, una vez lo desenmascaras de toda pretensión y mentira. He conocido príncipes, duques, curas, y papas a quienes después de media hora, considero unos parásitos, y conozco mendigos que podrían enseñarle una o dos cosas a esos príncipes, duques, y religiosos. *(Pausa)* Otro ejemplo, tu chico–

LEONARDO: ¿Cómo fue?

MAQUIAVELO: Ese chico tuyo, El de pelo rubio.

LEONARDO: ¿Salaí?

MAQUIAVELO: Ése mismo.

LEONARDO: ¿Qué pasa con él? *(A **Fray Valentín**)* Hermano, si tiene la bondad, ¿puede virar la cabeza un poco hacía acá? Así–perfecto.

MAQUIAVELO: Es un chico bello. Parece uno de esos ángeles que a ti–tanto te agradan. Verlo tan calladito, cualquiera diría que Salaí fue enviado por la propia trinidad para avisarnos un milagro. El chico es un perfecto querubín. Aunque no sé, tengo el presentimiento de que detrás de esos ricitos rubios y esos inocentes ojitos azules, existe algo–cómo diría–un poco menos angelical. *(Pausa)* ¿De dónde salió tu Salaí? ¿Ése no es su nombre, verdad?

LEONARDO: *(Pausa)* No. Su nombre es Giacomo. Yo le digo Salaí. Lo encontré–o mejor dicho, él me encontró a mi en la calle durante la fiesta de Santa Magdalena, mientras yo pasaba el tiempo ilustrando la muerte de un hombre que ahorcaban–

MAQUIAVELO: Que interesante.

LEONARDO: –en la plaza por robar la sacristía del Duomo.

MAQUIAVELO: Y ¿tú *aplaudías* al ver que el hombre *caía*?

LEONARDO: Estaba entre la plebe, con lápiz y libreta en mano, cuando sentí una manita tratando de levantarme la monedera. Salaí tendría unos diez años.

LEONARDO: *(Cont.)* Lo agarré por el cuello, y estuve a punto de hacerlo participar personalmente del drama que se desarrollaba en la plaza. Fue cuando me di cuenta que aquel hombre ahorcado en medio de la plaza era el padre del chiquito. Creo que él–Salaí– pensó que le hacía honra a su padre. *(Pausa)* Desde entonces, vive conmigo. Es un buen chico. *(Pausa)* ¿Qué le parece el dibujo?

FRAY VALENTÍN: ¡Excelente!

MAQUIAVELO: Leonardo, ten en cuenta, los religiosos no suelen mirarse en el espejo. Te sugiero que te dejes llevar por mí.

LEONARDO: ¿Pero qué es lo tuyo?

MAQUIAVELO: Me gusta llevar la contraria, ¿no te habías dado cuenta?

LEONARDO: ¡Por amor de Dios, Nícolo!

MAQUIAVELO: ¡Perfecto! Fray Valentín, está usted rumbo a la inmortalidad. Ahora bien Leonardo, ¿recuerdas lo que pasó esta mañana?

LEONARDO: ¡Basta por favor, que me estás dando dolor de cabeza!

MAQUIAVELO: Yo salía del comedor cuando tu adorado niño se me tiró encima. Minutos más tarde, cuando me encontraba fuera del convento, encontré que me faltaba el monedero. ¿Coincidencia? Quizás. Lo único es que yo tengo la mala costumbre de que nunca se me pierde nada. Además, llevo dos monederos a la vez; uno al frente con muy poco dinero, para frustrar a los delincuentes, y otro amarrado al cinturón en la parte de atrás. *(Pausa)* Supongamos que Salaí me llevó la bolsa, entonces el chico tiene mucho talento como carterista. A lo que voy; existe la posibilidad de que el chico sea un perfecto monaguillo, quien deleita a los curas con su simpática personalidad y su carita de inocente, pero que miente cuando da los buenos días, y se roba la ostia de la misa. En otras palabras, mi eminente y destacado Leonardo, en guerra avisada mueren nada más que los sordos.

LEONARDO: No lo conoces como yo.

MAQUIAVELO: *(Sonríe)* De eso no tengo duda. *(Pausa)* Hermano, creo que es hora de retirarnos.

LEONARDO: ¡Pero Nícolo! Es muy temprano.

FRAY VALENTÍN: Maestro, le agradezco todas sus atenciones. Ha sido una velada muy–

MAQUIAVELO: –entretenida.

LEONARDO: Espere. ¿No quería una audiencia con el Moro?
FRAY VALENTÍN: Pienso regresar en un par de meses.
LEONARDO: Hasta entonces–y no quiero que se le olvide, hermano. Cuente conmigo.
MAQUIAVELO: Leonardo, vuestra merced es un anfitrión sin igual.
LEONARDO: Y mi señor un invitado muy divertido. ¡Quién se lo habría imaginado; dos florentinos buscando fortuna en Milán!
MAQUIAVELO: Ha sido un verdadero placer verte de nuevo, Leonardo. Por cierto, lo del chico–estaba simplemente ilustrando el punto.

Mutis **Maquiavelo** *y* **Fray Valentín**.

LEONARDO: *(Pausa)* ¡Ilustrando el punto! *(Pausa)* ¡Giacomo! Salaí!

Entra **Salaí**.

SALAÍ: ¿Se fueron?
LEONARDO: Sí.

Salaí *se le acerca a* **Leonardo** *y se le sienta en la falda.*

SALAÍ: Ese hombre–el Nícolo–no me quitaba los ojos de encima.
LEONARDO: ¿En serio? *(Pausa)* De ser otro yo diría que lo cautivaste con tus rizos, y con ese cuerpito tan delicioso. Pero Maquiavelo–a ese le encantan, no sólo las mujeres, pero las mujeres que son putas.
SALAÍ: ¿Cómo lo sabes?
LEONARDO: Porque nos conocemos desde que él era chico.
SALAÍ: ¿Fue tu amante?
LEONARDO: *(Ríe)* ¡Por favor! Nícolo era un niño–muy común al punto de ser *casi* feo. Lo conocí cuando mi padre le ayudó a su madre, una vez. Yo tenía veintisiete años y Nícolo tendría diez.
SALAÍ: ¿Tú eres más viejo que él?
LEONARDO: *(Ríe)* Considerablemente mayor.
SALAÍ: Pero–es que ¡él se ve más viejo que tú!
LEONARDO: El hombre se preocupa por todo. Nunca descansa la mente.
SALAÍ: Lo encuentro, no sé, repulsivo.

LEONARDO: ¿No digas? Con lo bien que él habla de ti.
SALAÍ: ¿De mí?
LEONARDO: Sí. Dice que tú eres un chico angelical, y cree que, como ladrón, tienes mucho talento. *(Pausa)* También dijo que le robaste el monedero.
SALAÍ: ¡Está–no es verdad! ¡Es un mentiroso!
LEONARDO: Entonces, ¿por qué tropezaste con él esta mañana?
SALAÍ: ¿Cómo que por qué?

LEONARDO: ¿Has vuelto a tus viejos trucos? *(Pausa)* ¿De dónde sacaste dinero para dulces? Cuando regresaste de Lucca–te delató el aliento–confite de anís.
SALAÍ: ¡Me lo dio Tomasino!
LEONARDO: ¿Quién es Tomasino y qué hace dándote dinero?
SALAÍ: *(Llora)* ¡Dinero, no, dulces! *(Pausa)* Él–Tomasino–su tienda está al lado de la de Lucca. Yo no robé nada. Le juré que nunca robaría de nuevo, lo juré. *(Pausa)* ¡Dijo que iba a confiar en mí!
LEONARDO: ¿Confiar en ti? ¿Por qué el encontronazo con Maquiavelo?
SALAÍ: ¡Fue de accidente!
LEONARDO: Accidente.
SALAÍ: Maestro– *(Pausa)* ¿Usted me ama?

Leonardo *lo besa.*

SALAÍ: ¿Le pregunto si me ama?

Leonardo *le acaricia la cara y la boca al chico con el dedo.*

LEONARDO: Vives conmigo; te enseñé a leer y a escribir. Te enseñé a dibujar; te compro ropa–
SALAÍ: Pero–¿me ama?
LEONARDO: Te llevo conmigo a todos lados–
SALAÍ: Eso lo hace con Marco, con Antonio y con Lorenzo, que también comparten su cama, ¡sé que lo hacen! Usted ¿me ama a mí, o ama a Marco? ¿Me ama a mí, o ama a Antonio? ¿Me ama a mí, o ama a Lorenzo?
LEONARDO: ¿¡Pero, qué rayos te pasa!?

SALAÍ: *(Llora)* El año pasado fui donde el señor Fabio, con una nota. La nota decía, «aquí le envío a mi estudiante, Salaí–» *(Pausa)* La última–la de Lucca esta mañana, anunciaba a «mi criado Salaí». Dígame, Maestro, ¿Qué soy yo para usted; su estudiante, su criado o su puta?
LEONARDO: Creo que estás cansado.
SALAÍ: ¿Me ama a mí o ama a–

Mutis **Salaí**.

Telón.

Escena vii

Al día siguiente. El comedor. **Leonardo** *está trepado en el andamio, trabajando en el fresco. Los chicos lo ayudan. Pausa.*

SONIDO: Un coro de frailes.

LEONARDO: ¿Qué es eso?
LORENZO: ¿Qué?
LEONARDO: ¡Ese lunar en el cachete de Juan! ¿¡Quién te dio permiso!? ¿¡Cómo te atreves!?
LORENZO: ¿¡Yo!? ¡Pero si yo no he hecho–! *(Pausa)* ¡Espere! ¡Es un mosquito!
MARCO: *(Ríe)* ¡Un mosquito! ¡Se confundió! La pintura es tan real, que trató de chupar sangre y se quedó pegado al yeso.
LEONARDO: ¡Qué mosquitos ni qué siete velos! ¡Baja y prepara aguamarina!
MARCO: ¡Sí, Maestro!

Pausa mientras **Leonardo** *sigue retocando el fresco. Al rato,* **Marco** *le lleva el pigmento al* **Maestro**.

LEONARDO: ¿Qué color es éste?
LORENZO: Errr–
LEONARDO: ¡Pedí aguamarina! ¿Verdad que sí? Y si pedí aguamarina, ¿por qué me dan azul?
LORENZO: Usted le dijo a Marco–
LEONARDO: ¿¡Marco!?
MARCO: ¡Sí, Maestro!
LEONARDO: ¡No estoy hablando contigo! *(A* **Lorenzo***)* ¿Quién está en el andamio? Tú y yo. Y si estás a mi lado es porque tienes el gran y supremo privilegio de darme una mano, de ser mi ayudante. Eso quiere decir que tienes que saber exactamente lo que hay que hacer, y qué se necesita para hacerlo. ¡Así, que si yo pido aguamarina tú te aseguras de que yo tenga aguamarina y no amarillo, aguamarina y no rojo, aguamarina y no verde, aguamarina y no azul! ¡Después de tres años, por lo menos debes reconocer los colores del arco iris!

LORENZO: Tiene razón, Maestro. Lo siento.
LEONARDO: ¡No quiero disculpas!
ANTONIO: *(Aparte: a* **Marco***)* ¡Hoy sí está encabronado!
MARCO: *(Señala a* **Salaí***)* Adivina por qué.

Salaí *se da cuenta que sus colegas hablan de él, sonríe, les tira un beso, luego de agarrarse la polla, como para decir, «¡Coman esto!»*

LEONARDO: *(Grita)* ¡Marco!
MARCO: ¡Si, amo!
LEONARDO: ¡Despierta, carajo!
MARCO: ¡Sí, amo!
LEONARDO: Me estás haciendo perder tiempo. ¿¡Qué demonios les pasa a ustedes!? ¿¡Estoy rodeado de payasos!

Leonardo *se baja del andamio. Pausa.*

LEONARDO: ¿Qué les parece? *(Pausa)* ¿Creen que lo que se ve ahí– en esa pared, representa en toda su majestad el evento cumbre de nuestra civilización? *(Pausa)* ¡Esto es peor que una cruzada! No voy a poder terminar. ¡Lo sé!
LORENZO: ¿¡Cómo!? ¿Qué no va a terminar? ¿Después de todo el tiempo que–?
LEONARDO: ¿Por qué un fresco? ¿Por qué no algo sencillo, algo fabuloso–en lienzo? Los hermanitos lo podrían colgar en la pared, o ponérselo en la cabeza como penitencia, ¡qué me importa! ¡En menos de un año se va a pelar y a llenar de grietas. Esos vibrantes colores desaparecerán; el mantel perderá sus detalles y no se va a poder apreciar nada. Todo porque quieren un fresco. ¡Pintar al fresco es cosa de aficionados! ¡Monjes, frescos! ¡Arghhhh!

Entra **Bandello**.

BANDELLO: Me doy por vencido. No entiendo, ¡no entiendo nada!
LEONARDO: ¿Qué no entiende, hermano? Vamos, no nos mantenga en suspenso. ¿¡Qué!? *(Pausa)* ¿Una complicada fórmula matemática, o quizás una expresión de devoción de un ateo?

BANDELLO: Es posible que me esté quedando ciego. O quizás, quizás es que simplemente no me doy cuenta. Y lo triste del caso es que no importa, ¿no es así, Maestro?

LEONARDO: ¿De qué habla?

BANDELLO: No importa el mes del año o la hora del día, cada vez que miro la pared, ¡no le veo nada diferente!

LEONARDO: ¡Seguro que han habido cambios!

BANDELLO: ¿Dónde están? ¿Dónde?

LEONARDO: ¿Dónde?

BANDELLO: Le ruego que me diga, Maestro Leonardo, qué ha cambiado en esa pintura desde la semana pasada. No, disculpe, no vamos a ser tan exigentes. Dígame, por favor, qué cambios ha habido en esa pintura en los últimos seis meses; es más, ¡desde el año pasado!

LEONARDO: Primero está el pan, que era una manzana–que no debió serlo, porque en las Sagradas Escrituras, no hay mención de manzanas, pero Lorenzo no pretende ser un especialista en textos bíblicos–

LORENZO: ¿Cómo se suponía que yo–?

LEONARDO: –y por eso tuvimos que borrar la fruta, y añadir la ilustración correcta. *(Pausa)* Entonces, nos dimos cuenta de que el dedo de Tomás estaba muy largo; se lo cortamos por la mitad.

ANTONIO: Maestro, ¡la trucha!

LEONARDO: Ah, sí–la trucha. *(Pausa)* Hace dos semanas rellenamos el plato de Pedro y Andrés con un pescado, como símbolo de su vocación.

BANDELLO: ¿Eso es todo? ¿¡Usted me está diciendo que en un año lo único que ha hecho es pintar un pedazo de pan, acortar un dedo y añadir un pez!? ¿¡Ah!?

LEONARDO: ¡No sé por qué trato, no lo sé! ¡Usted no entiende nada y nunca entenderá! Así que, ¿¡para qué molestarse uno!? ¡Háganos un favor y–váyase! ¡Como si no tuviera suficiente! *(Pausa)* Déjeme explicarle algo, mi querido hermano Bandello, ¡mientras usted se encuentra arrodillado en la cómoda santidad de su capilla, con sus ojos decaídos y su mirada melancólica dirigida a la Santa Madre, en torno a la gloria y la felicidad, yo me jodo pintando paredes y subiéndomele a un gigantesco caballo por el culo!

BANDELLO: ¡Y por los últimos dos años y medio nuestra congregación ha tenido que comer en los pasillos porque no tiene comedor! ¡Termine la dichosa pared! Tiene que terminar, ya no aguantamos más, por favor! ¿Es que no tiene imaginación?

LEONARDO: *(Pausa)* ¿Imaginación? ¿Fue eso lo que dijo?

BANDELLO: ¡Invénteselos! ¡Por favor, se lo ruego! ¡Tenga piedad!

LEONARDO: ¡Pero, será posible! ¿Es que está sugiriendo–? *(Pausa)* Muchachos, recojan sus cosas. ¡Nos vamos!

BANDELLO: ¿Qué quiere decir con que se va?

LEONARDO: No veo por qué no, nosotros no hacemos falta. En cierta forma, me alegro, sabe usted; aunque no esperaba tal ingratitud. Pero, ¿qué se puede hacer? Por lo menos ahora me puedo dedicar al caballo que ciertamente aprecia mis labores más que usted. ¡Buen día!

BANDELLO: ¡No se puede ir!

LEONARDO: *(A* **Antonio***)* Ahí va de nuevo diciendo lo que yo puedo y no puedo hacer. Muchachos–¿listos?

LORENZO: Sí, Maestro.

BANDELLO: Maestro, por favor, ¡Qué usted no entiende!

LEONARDO: Ahora soy yo el que no entiende–¿Antonio?

ANTONIO: ¡Yo estoy listo desde hace tres años, Maestro!

BANDELLO: Maestro Leonardo, ¡tenga un poco de misericordia!

LEONARDO: ¿Marco? ¿Tienes tu caja?

MARCO: ¡Sí, señor!

BANDELLO: Oh, Maestro, ¡le pido disculpas! ¡Perdóneme! No sabe cuánto lo siento. ¡No era mi intención ofenderlo!

LEONARDO: Yo le perdono, hermano Bandello. Por eso no pienso decirle nada al Moro, para que usted se vea en la obligación de explicarle que ya yo no estoy trabajando en la pared; que me fui, indignado, luego de que usted tuvo la osadía, el atrevimiento de– *(Pausa)* Puede que el Moro no le agrade la noticia. Usted sabe que él no tiene paciencia para nada. Además si recuerdo, ésta es su iglesia favorita. ¡Ya lo creo que sí! Es probable que lo tire de cabeza en un calabozo para que nunca más tenga que lidiar con gente como yo.

BANDELLO: ¡Dios amado! Nadie, pero que nadie puede terminar ese fresco, ¡nadie más que el gran Leonardo!

LEONARDO: Ah, eso no es verdad, hermano. Usted puede terminarlo, use su imaginación.

BANDELLO: ¡Estaba perturbado! ¡No sabía lo que decía!
LEONARDO: ¿De veras?
BANDELLO: ¡Sí! ¡Soy un ignorante y malvado pecador y no sabe lo que me arrepiento!
LEONARDO: Me voy comoquiera.
BANDELLO: ¡No! ¡No nos abandone!
LEONARDO: *(Pausa)* Venga hermano, que no es para tanto. Lo único que le pido es que nos deje trabajar en paz. Eso usted se lo dice al padre superior; yo terminaré la pintura cuando la termine, ni un segundo antes, ni un segundo después. ¿Entiende lo que le digo?

Bandello *le besa la mano a* **Leonardo**.

LEONARDO: Vamos, ¡deje eso, hermano! Mire, aunque usted no se de cuenta, el fresco está casi terminado. Ahora preste atención a lo que le digo porque no le voy a permitir que me siga interrumpiendo. Como esto se repita, como vuelva a molestarnos, yo me levanto, recojo y me marcho, y no van a haber lágrimas, llantos ni amenazas que me hagan cambiar de parecer. *(Pausa)* Además, usted tiene que entender que cada minuto que nos hace perder con estas–sandeces, es tiempo perdido.
BANDELLO: Bueno, Maestro, pero–¿qué pasa si usted no encuentra lo que busca? ¿Dónde va a encontrar a un hombre con la divina gracia del Nazareno, que murió en la cruz hace más de mil años, y a un hombre de alma infestada de maldad, como el Judas? Tendrá que ir de la gloria al infierno–no que le estoy sugiriendo que lo haga.
LEONARDO: Para que sepa, tengo el Cristo.
BANDELLO: ¿¡El Cristo!? ¿Me está diciendo qué encontró a Jesús? ¿Quién es?

Le enseña la libreta con el dibujo de **Fray Valentín**.

LEONARDO: Uno de ustedes, un fraile, de Bérgamo. Estaba de pasada.
BANDELLO: ¿De pasada, dice usted? Me hubiera gustado conocerle.
LEONARDO: No se preocupe, que yo le dejo saber en cuanto encuentre al Judas.
BANDELLO: No se moleste. *(Pausa)* ¡Ay, esa es la primera buena noticia que me da en tres años, Maestro! ¡Deje que se lo diga al padre superior!

Mutis **Bandello, Lateral Derecho**.

LEONARDO: Espero no verlo por el resto de la semana. *(Pausa)* ¡De nuevo! *(Dibuja en la pared)* Somos la creación de aquel que nos ilumina con amor, y nos enseña el camino hacia la gloria eterna. ¡El Uno–el padre e hijo, juntos en nuestros corazones! El padre, que trajo a su único hijo a morir por nosotros. ¡Ese espíritu santo que hoy me ha bendecido con un milagro! Por fin, ¡encontré a mi Cristo!

Entran **Beatriz** *y* **Silveria, Lateral Izquierdo**.

BEATRIZ: Espero no estar interrumpiendo nada, Maestro.
LEONARDO: ¡Majestad! ¡Salaí, una silla para la Princesa Beatriz!
BEATRIZ: No, no, Maestro, le ruego. Me voy enseguida. Sólo vine a decirle que lo hemos echado de menos en la corte.
LEONARDO: ¡Ah! Es una situación, vuestra majestad, que espero se rectifique pronto. Pero por ahora, estoy endeudado con su ilustre Príncipe, quien ha encontrado en su noble corazón la necesidad de conferirnos tantos favores, como para mantenernos ocupados por los próximos cien años.
BEATRIZ: *(Ríe)* ¡Ay, Maestro, necesito su ayuda! Tenemos un baile de máscaras dentro de un par de semanas, y no sé qué ponerme.
LEONARDO: *(Aparte)* ¡Mierda! *(Sonríe-a* **Beatriz***)* ¿Algún tema en particular para el entretenimiento?
BEATRIZ: Fíjese que no se me ocurre nada. Por eso vine donde usted.
LEONARDO: *(Aparte)* ¿Por qué no fue donde Bramante? ¿No es él el favorito de la corte? *(Pausa)* ¡Ya sé! Quedan varios trajes–preciosos, si me pregunta a mí–que diseñé para la Fiesta del Paraíso, y nunca se usaron. ¿Recuerda la Fiesta del Paraíso?
BEATRIZ: ¡Cómo no! ¡Fue espectacular!
LEONARDO: Estoy seguro de que a vuestra majestad le van a encantar. El tema es la flora y la naturaleza; usted puede ir vestida de rosa y su majestad Ludovico, de abeja. Lo único es que, naturalmente, durante la noche él va a tener que pretender que le está volando alrededor.
BEATRIZ: ¡Me encanta, sí! Suena perfecto, Maestro. ¡No sé qué me haría sin usted! *(Pausa)* Ahora–Maestro, tener a mi marido dándome vueltas toda la noche–¡me puedo marear!

LEONARDO: Se lo puede achacar al vino.
BEATRIZ: ¡Maestro, es usted un verdadero diablillo!
LEONARDO: Puedo llevarle los trajes mañana–para que usted escoja.
BEATRIZ: ¡Gracias, Maestro! *(Pausa)* Bueno Silveria, ¿qué te parece lo que Maestro Leonardo ha hecho con la pared?
SILVERIA: Es grande.
BEATRIZ: Pero Maestro–esas caras vacías, ¿son a propósito?
LEONARDO: *(Pausa)* No.
BEATRIZ: Oh. *(Pausa)* Bueno, estoy segura de que usted sabe lo que hace, y no tengo duda de que sea lo que sea, mi marido va a estar muy, pero que muy contento y orgulloso. ¡Hasta mañana, Maestro!

Mutis **Beatriz** *y* **Silveria**.

LEONARDO: ¿¡Cómo pretenden que termine!? ¡No me dejan tranquilo! ¡Me voy! ¡Tengo que salir de aquí! ¡Este sitio me está afectando la mente! *(Pausa)* Hagan el favor de recoger y limpiar como puedan.
ANTONIO: ¿A dónde va?
LEONARDO: ¡Al infierno!

Telón.

Escena viii

Al mismo tiempo. El Vaticano; el despacho del **Papa**. *Lo acompañan varios cardenales, entre ellos* **Ascanio Cardenal Sforza**.

CARDENAL SFORZA: ¡En este momento tropas extranjeras se amasan en la frontera, listas para invadir; tropas francesas, bárbaros que saquearán nuestro glorioso patrimonio, destruyendo los pueblos por donde pasan, matando a miles de nuestros compueblanos! ¡Esto es una infamia, es un sacrilegio, es una calumnia, una atrocidad, es repugnante, es perverso–!

EL PAPA: *(Aparte-bosteza)* –y es aburrido. *(Pausa)* Hermanos, lo de Luis de Francia, es una excursión, no una invasión. Francia sólo está ayudándonos a controlar la rebelión en la Romaña. Los duques de Rímini, Pesaro, Ímola, Forli, Urbino y Camerino, todos se niegan a pagar tributos y están desafiando abiertamente nuestra autoridad, lo que puede desatar una guerra con consecuencias desastrosas para la Santa Sede.

CARDENAL SFORZA: Me disculpa, vuestra Santidad, pero entendemos que Luis está decidido a avanzar sobre Milán. ¿Por qué? ¿Qué tiene que ver Milán con la Romaña?

EL PAPA: Bueno, entendemos que el ducado de Milán está en el camino, entre la frontera de Francia y la Romaña, ¿cierto? O quizás estamos engañados y Milán se mudó de Lombardía. Y ya que nuestro reverente hermano Sforza ha visto la necesidad de mencionar a Milán, algo que nosotros pensábamos dilucidar en otra ocasión, existe el pequeño y no muy insignificante detalle de quién es el legítimo duque de la ciudad. No puede, vuestra reverencia, negar que el Rey de Francia, tiene derecho a reclamar lo suyo.

CARDENAL SFORZA: ¡Lo niego, lo niego, lo niego, lo niego y lo niego!

EL PAPA: Una negación hubiera sido suficiente, hermano.

CARDENAL SFORZA: ¡Ludovico es el legítimo Duque de Milán! ¡El título le fue conferido por Maximiliano, Emperador del Sacro Imperio Romano!

EL PAPA: Sin consultar con la Santa Sede. Siempre hemos dicho que estos emperadores del Sacro Imperio Romano van a acabar con todos nosotros, gracias a sus impertinentes entrometimientos.

CARDENAL SFORZA: ¡Santidad! ¡Nadie excepto Ludovico tiene derecho a Milán!

EL PAPA: Bueno, querido hermano, de eso se trata la discordia.

CARDENAL SFORZA: ¡Santidad! ¡Con todo el respeto del mundo le digo que un Santo Padre nacido en Italia jamás hubiera permitido este asalto a nuestra madre patria!

EL PAPA: Queremos saber si es la intención de vuestra reverencia seguir lanzando vituperios contra nuestra persona, nuestra familia, y contra esta sagrada institución. *(Pausa)* ¿Será necesario recordarle a nuestro estimadísimo hermano en Cristo, que invitar a los franceses a pasar las vacaciones en Italia es una tradición de los italianos desde hace mucho, mucho tiempo? Por ejemplo, ¿no fue nuestro venerado antecesor su Santidad Urbano IV, quien en 1266 le ofreció el reino de Nápoles a Carlos, Duque de Anjou, como recompensa por proteger la Santa Sede de los reyes germánicos? El Papa Urbano IV era italiano. *(Pausa)* En 1482 el Papa Sixto IV, en desacuerdo con Nápoles y siguiendo el precedente establecido por Urbano, le ofreció el reino de Nápoles a Luis XI de Francia, porque según Sixto, Nápoles le pertenecía a Luis. Sixto era italiano. ¡Y ¿quién no recuerda que hace sólo unos años, nuestro querido predecesor, Inocente VIII, con el visto bueno del propio Ludovico de Milán, le dio paso libre a Carlos VIII para invadir a Nápoles; una decisión tan y tan equívoca, que resultó en una miserable guerra que todavía amenaza ahogar en sangre nuestro país? ¡Inocente era y Ludovico es italiano! ¿Y quién no recuerda que fuimos nosotros quienes le prohibimos a ese Carlos, invadir Italia, amenazándolo con excomunión; o que nuestro reverente hermano de la Rovere, quien como pueden ver, ha decidido llevar a cabo sus intrigas contra la Santa Sede sin estar presente, no solamente se llegó hasta la frontera con Francia para reunirse con el rey en Lyons, ¡sino que le exhortó, rogó e instigó para que Carlos marchara hasta Roma a derrocar a éste, su servidor y Santo Padre!? ¿¡Es o no es de la Rovere italiano!? De más está mencionar a ese pobre y descabellado fraile Savonarola; él también estuvo con el Rey de Francia para pedirle que destronara a Piero de' Médici, en Florencia y a Alejandro en Roma. ¡Savonarola es italiano! Como puede ver, querido hermano, a través de los años han sido ustedes los italianos, no los ingleses, no los alemanes, y ciertamente no los españoles, quienes han permitido que los

El PAPA: (*Cont.-al* **Cardenal Sforza**) –franceses se apoderen de Italia. Querido hermano, nosotros somos imparciales. Nuestra meta es, y siempre ha sido la paz del mundo y el preservar y proteger la iglesia y la sede apostólica. Ésa es, y siempre será nuestra única preocupación. Por lo tanto, estamos dispuestos a viajar hasta Milán para mediar en este profano desacuerdo entre Ludovico Sforza y el Rey de Francia. No hemos nunca de olvidar que somos mensajeros de nuestro Señor Redentor, y Príncipe de la Paz, y que nuestra lucha por la armonía del mundo no tiene fin. *(Pausa)* Naturalmente, nuestra seguridad será garantizada por las tropas de la Santa Sede, y su Comandante.

Entra **César**.

EL PAPA: Su eminencia, César Cardenal Borgia.

Telón.

Escena ix

Al mismo tiempo. El castillo; el despacho de **Ludovico**. *Lo acompaña* **Bernardino**. *Ellos examinan un mapa.*

BERNARDINO: Alejandro viene con sólo doscientos cincuenta soldados, contando los cincuenta guardaespaldas de César Borgia, algo extraordinario, ya que Alejandro no se atrevía salir de la Santa Sede sin la mitad de su ejército. *(Pausa)* Sin embargo, usted tiene el ejército más poderoso de Italia, con quince mil de los soldados mejor entrenados, mejor equipados, y mejor alimentados del continente, incluyendo mil lanceros, todos bajo el experto mando del General más hábil de los tiempos, Galeazzo di San Severino. Como si eso no fuera suficiente, el ejército está acampado a las afueras de la ciudad, creando una barrera defensiva impenetrable. Luis de Francia no se atreverá a invadir a Milán. Sería cometer suicidio. Ahora bien, no debemos menospreciar la imprudencia de algunos reyes, especialmente los reyes de Francia.

LUDOVICO: Extraordinario.

BERNARDINO: ¿Qué?

LUDOVICO: Que su Santidad viaje con tan pocas tropas. Digo, todo el mundo sabe que César nunca sale de la Santa Sede sin por lo menos la mitad de su ejército. *(Pausa)* Debemos tener en cuenta que puede ser una trampa.

BERNARDINO: No lo creo. La visita de Alejandro es para mediar la paz. Venir con más tropas provocaría cierta inquietud, ¿no cree?

LUDOVICO: ¡Inquietud me causa tenerlo de visita! ¡Quiere entregarle Milán a Francia! *(Pausa)* ¿Crees que San Severino pueda encargarse de doscientas tropas enemigas? *(Pausa)* Imagínate, su Santidad Alejandro VI y César Borgia, juntos y con tan poca protección. De un golpe, cae uno, caen los dos. Le haríamos a Italia un gran favor. *(Pausa)* Saldré a darle la bienvenida al Papa. Como Milán es un dominio autónomo, sus soldados no podrán entrar en la ciudad–sólo un número mínimo de guardaespaldas. *(Pausa)* La procesión llegará–vamos a ver–hasta el monasterio Santa María de las Gracias, donde en honor al Sumo Pontífice, se develará el fresco del Maestro Leonardo. *(Pausa)* ¿Qué te parece?

BERNARDINO: Excelencia, el Maestro Leonardo no ha terminado el fresco y por lo que me han dicho, le tomará otros diez años. El Papa viaja a Milán la semana entrante.

LUDOVICO: El Maestro Leonardo tendrá que darse prisa, punto. *(Pausa)* Una vez Alejandro y sus acólitos entren a Milán, el General di San Severino atrapará al resto de los soldados de la Santa Sede, para evitar que vayan al rescate del Santo Padre.

BERNARDINO: Quince mil contra doscientos. Sin duda, vuestra majestad. Eso sí, aunque a nadie le importa César–todos lo odian–capturar a su Santidad puede traer serias repercusiones. España y Francia se verán obligados a formar una poderosa alianza contra Milán.

LUDOVICO: No con Alejandro pudriéndose en un calabozo. ¡Y hasta que su Santidad no me firme un documento negándole el ducado a Luis XII, no será puesto en libertad!

Telón.

Escena x

Al mismo tiempo. Una taberna frente a un callejón. Hay varias personas alrededor, putas, chulos, etc.

Leonardo *está sentado en una mesa, en compañía del* **Turco.**

EL TURCO: 'Tamos aquí va a ser ya seis años. Yo vivo atrás. No es mucho, pero es lo que hay. Piense usted, vuestra merced, ¿qué va a hacer afuera una figurita como yo? Usted concluye, que na. Así que abrí mi fogata, y así mis intimados–las putas que ve ahí sentás–puen compartir. Yo saco mi parte, pago los gastos, y a final de cuentas, to el mundo se aprovecha. Piense usté que le estamos haciendo un favor al pueblo. Algunos dicen que nos falta devoción, pero yo no le hago caso a lo que dicen los curas, porque, ¿qué pasaría con el mundo si no tuviera un poco de pecao? Sin un poquito de mal, el mundo se acaba, créame usté, mi señor. Sin un poquito de mal, ¿qué carajo van a hacer los religiosos? Se necesita un poquito de mal para que to el mundo esté feliz. ¡Oiga lo que le digo, vuestra mercé! ¿Se imagina to el mundo santo? Ni lo quiero pensá. ¿Se imagina un mundo donde to el mundo es bueno? Ni lo quiero pensá. ¿Qué harían to los curas y los papas? ¿Ser feliz? Pero, ¿cómo se sabe qué es ser feliz si no hay alguien infeliz pa comparar? ¿Ve lo que le digo? La verdá es que no tiene sentido esperar que to el mundo sea santo, y no es buena idea, tampoco. *(Pausa)* ¡Ja, ja, ja! Oiga, y ya que estamos hablando de pecao, le tengo una cosita que sé que le va a encantar. Usted parece un hombre estudioso; por su conversación me doy cuenta, así que mire, vuestra mercé, le tengo una poción que es pura magia, de una flor que crece en la India.

LEONARDO: ¿Un veneno?

EL TURCO: Nah, no es veneno. Es un elixir que le trae las más fantásticas revelaciones y le apacigua cualquier dolor del cuerpo.

LEONARDO: ¿No me diga?

El **Turco** *lo saca de un frasco que coloca en la mesa.*

EL TURCO: Yo mismo me tomo un poquito tres veces al día, porque voy a ser honesto con usté vuestra mercé, un hombre en mi condición

EL TURCO: *(Cont.)* –necesita medicina fuerte, aunque eso que le digo no es sólo medicina, porque como digo yo, quita los achaques, alivia el alma y hace de la vida un placé. ¿Quién pue discutir con eso, no cree? Así, que, ¿por qué no prueba un poquito, mientras encuentra la cara que está buscando? Le va a hacer la espera más placentera, créame lo que le digo. Esto es gratis, una muestra, porque yo sé que cuando lo pruebe, va a querer más. ¡Je, je, je!

El **Turco** *se levanta y va a atender a otros.*

Entra una **Puta**.

PUTA: Lo que yo quiero saber es qué hace un tipo como tú sentao aquí, tan solito, cuando yo me puedo sentar contigo–a tu lado, encima, debajo–como te dé la gana. ¿Qué te parece?

LEONARDO: Gracias, pero–no.

La mujer le pone la mano entre las piernas a **Leonardo**.

LEONARDO: ¡Con su permiso!

PUTA: Tienes to el permiso que quieras. Yo creo que to el mundo debe hacer lo que sienta.

LEONARDO: Oiga, Yo estoy buscando algo, y usted no lo tiene. ¿Me comprende?

PUTA: Bueno, está bien. ¿Qué dices si te ayudo a encontrar lo que buscas? Yo sé de cosas que no te puedes imaginar, cosas que sé que te van a entusiasmar. ¿Qué te parece algo tierno y delicado?

LEONARDO: ¿Qué dice?

PUTA: Tengo dos nenas, suculentas y preciosas; pálidas, suaves y muy dispuestas a hacerte feliz. ¡Te van a encantar, lo sé! Y tienen tanta y tanta imaginación. Tienen este jueguito– *(Pausa)* Ellas se te acuestan encima, y poco a poco se quitan la ropita, dejando desnudas sus rosaditas y suaves tetitas para que tú se las acaricies. Entonces, ellas se besan, entre ellas, hasta que–y ahora viene lo delicioso–

Leonardo *se muda a otra mesa.*

PUTA: ¡Oye, no seas así, que te estoy haciendo un favor! Una tiene siete y la otra nueve años–¡te van a encantar!

EL TURCO: *(Grita)* ¡Loreta! ¡Deja al caballero tranquilo que no quiere lo que tú tienes!

PUTA: Ah, ¡ya veo! ¿Quieres un nene? ¿Y por qué no lo dijiste antes? Yo tengo mi propio hombrecito. Eso sí, te va a costar un poquito más, pero no mucho–bueno, es que no tiene más que seis añitos, aunque según me dicen, es mejor que las nenas y lo hace to solito. ¡Dios me lo bendiga!

LEONARDO: Oiga, ¿pero es que está tratando de venderme a sus hijos?

PUTA: ¿Vender? ¿Quién dijo nada de vender? *(Pausa)* ¿Por qué? ¿Qué tienes en mente, querido? Tres florecitas como ésas–

LEONARDO: ¡Esto es increíble!

PUTA: ¡Pero no te pongas así! ¿Qué quieres, si a mis angelitos les gusta ganarse su poco de plata? ¿Qué tiene eso de malo?

LEONARDO: ¡Mire–señora, no me interesa usted ni me interesan sus hijos, así que hágame el favor de largarse y dejarme solo!

PUTA: *(Pausa)* ¿Quieres uno tieso?

LEONARDO: ¿Un qué?

PUTA: Un tieso. Personalmente, creo que es repugnante y horrible, pero si eso es lo que buscas–chico, estacionario–sabes, que no se pué mover.

LEONARDO: ¡Usted me revuelve el estómago!

Leonardo *tira unas monedas en la mesa y sale de la taberna. De pronto un hombre lo agarra por detrás y lo amenaza con una cuchilla.*

LEONARDO: ¿¡Q–qué quiere!? ¡Suélteme! ¿¡Cómo se atreve!?

CACHETERO: ¡Cállese o le arranco el hígado!

LEONARDO: Tenga, ¡lléveselo todo!

Leonardo *le entrega el monedero.*

El **Cachetero** *da un paso atrás. SONIDO: Gente que se acerca. Él mira alrededor asustado.*

Mutis el **Cachetero.**

Pausa mientras **Leonardo** *se recobra. Él regresa a la taberna y se le acerca al* **Turco**.

SONIDO: Gente hablando en VOZ ALTA, riendo, etc.

No podemos oír lo que **Leonardo** *le dice al* **Turco** *pero sí vemos que él está muy agitado por la manera en que gesticula con los brazos, etc.*

Pausa. El **Turco** *se dirige a todos en su taberna.*

EL TURCO: ¡Basta ya, carajo! ¡Bajen la voz que no me oigo pensar, malditos sean! *(Pausa-a* **Leonardo***)* Le ruego disculpas. Oh, vuestra mercé, no sabe cómo lo lamento! Le digo, yo hago to lo posible, ¿sabe? Pero es que tengo clientes que son unas fieras, aunque trato de que no molesten a la gente–no es bueno pal negocio y atrae la ley. Eso sí, tiene suerte de estar vivo.
LEONARDO: ¿Cómo se llama el hombre? ¿Lo conoce?.
EL TURCO: ¿Su nombre? *(Ríe)* No tiene nombre como nadie aquí tiene nombre. Es como si no hubieran bautizao a nadie, son to bastardos. ¡Je, je, je! *(Pausa)* Le dicen el Cachetero. Y ¡qué bien le cae, no cree! ¡Ja, ja, ja! ¡Ja, ja, ja!

Telón.

Escena xi

Al día siguiente. El castillo; el despacho de **Ludovico**.

LUDOVICO: ¿Y Cecilia?

BERNARDINO: Doña Cecilia está haciendo preparativos para volverse a Ravenna. Ése fue el mandato de vuestra merced, ¿cierto?

LUDOVICO: ¿No se ha ido todavía? Por favor, mantenla fuera de vista porque si Beatriz se huele–

BERNARDINO: Estoy buscando un candidato para que–se haga cargo de ella, Excelencia, un hombre digno de doña Cecilia. Después de todo, ella es un ser muy especial.

LUDOVICO: Especial, sí. *(Pausa)* No me gustó nada lo que hizo el otro día. Beatriz pudo haber entrado y encontrarla sola conmigo.

BERNARDINO: Conozco bien las ramificaciones, Excelencia.

LUDOVICO: No, fíjate que yo creo que tú no entiendes por lo que estoy pasando. Tú perdiste a tu señora– ¿hace cuánto? ¿Hace cuánto quedaste viudo?

BERNARDINO: Cinco años, vuestra majestad.

LUDOVICO: Cinco años que no has tenido que soportar el temperamento imprevisible y las exigencias excesivas de una mujer.

BERNARDINO: Oh, pero hubo un tiempo–

LUDOVICO: Sí, antes de que muriera tu mujer.

BERNARDINO: Muy cierto. Ella murió.

LUDOVICO: *(Pausa)* ¿Qué le pasó?

BERNARDINO: *(Pausa)* Comió algo que–le cayó mal.

LUDOVICO: Ah, sí, ahora recuerdo. Qué pena. Era una gran persona.

BERNARDINO: Era una arpía dominante, una serpiente disfrazada de ruiseñor.

LUDOVICO: ¿No me digas? ¿En serio? *(Pausa)* Ah, mira. Ahí está el Maestro Leonardo. ¿Qué hace aquí? Y ¿qué diablos es eso que está cargando en los hombros?

BERNARDINO: *(Pausa)* Si no me equivoco, esa es–la cola del caballo. El Maestro Leonardo se ha pasado la mañana montando el modelo.

LUDOVICO: ¿Cómo? ¿Para qué?

BERNARDINO: Quiere mostrárselo a vuestra majestad.

LUDOVICO: ¿Cuándo?

BERNARDINO: *(Bosteza)* Cuando esté listo, me imagino. Al parecer, la estatua es tan grande que no cupo por los portones y el Maestro Leonardo se vio obligado a dividirla–cortarla en pedazos–para entonces llevarla hasta el patio, donde, pienso yo, la armará como un–rompecabezas.

LEONARDO: *(De fuera)* Mario, ¡cuidado! ¡Agarra la soga, que se cae!

LUDOVICO: ¡Dios mío–están rodando la cabeza como si fuera una–!

BERNARDINO: Yo se lo dije–el caballo es enorme. *(Pausa)* Servirá para dar sombra a mitad de la ciudad, y de tribuna para palomas y cuervos.

LUDOVICO: *(Pausa)* ¡No tiene jinete!

BERNARDINO: ¿Perdone?

LUDOVICO: ¡Esa–cosa–está sin jinete! ¡Dios mio! De aquí a que el Maestro Leonardo termine con esa cosa, ¡el monumento alcanzará la luna! Es–

BERNARDINO: –ridículo. La única razón por la cual se puede considerar el monumento como algo excepcional, es por ser una monstruosidad, una fantástica abominación creada por un tonto que se preocupa por la glorificación de su orgullo, no por la casa de Sforza, ni por el bienestar del ducado. Yo, naturalmente, le tengo verdadera aversión a los caballos gigantes.

LUDOVICO: *(Pausa)* ¿Y cuántos caballos gigantes has conocido, si se puede saber?

BERNARDINO: Sólo uno, vuestra merced, y le aseguro que a los troyanos no les resultó nada simpático. Sí, a través de la historia los caballos gigantes han sido fuente de desgracia. En el peor de los casos, apestan a traición; y lo menos que se puede decir de ellos es que son una locura. Francamente, me importaría muy poco si un terremoto le tumbara la cabeza al caballo, siempre y cuando le caiga encima a Leonardo da Vinci.

LUDOVICO: Hazme el favor de no mencionar terremotos; cuestan vidas y dinero. *(Pausa)* No resisto más. Ese–caballo me está dando dolor de cabeza. Llámalo.

BERNARDINO: ¿Al caballo?

LUDOVICO: ¡Qué no estoy para bromas, Bernardino! ¡Dile al Maestro Leonardo que quiero verlo, ahora!

BERNARDINO: *(Pausa-llama)* ¡Maestro! *(Pausa)* ¡Aquí–arriba! *(Pausa)* ¿Puede tener la bondad de soltar la cola–de su fabuloso caballo–un momento? Su Excelencia quisiera unas palabras.
LUDOVICO: *(Aparte)* ¡Más que unas palabras!
BERNARDINO: *(Pausa)* Está en camino. *(Pausa)* Es más, creo que lo oigo en las escaleras.

Entra **Leonardo**.

LUDOVICO: ¡Maestro Leonardo! *(Pausa)* ¡Qué placer verle! ¿Cómo se encuentra?
LEONARDO: Sin aliento–luego de–
LUDOVICO: ¿Cómo va la pintura del comedor?
BERNARDINO: *(Aparte)* Se le acabó la pared.
LEONARDO: Hemos adelantado muchísimo, Excelencia.
LUDOVICO: Me alegro mucho, ¿verdad Bernardino? El padre superior y el prior me están volviendo loco; como de seguro lo están volviendo loco a usted, porque, como los religiosos no tenían nada que hacer, se pasan el tiempo quejándose de todo, sin importarles siquiera que usted les está embelleciendo el refectorio. Son tacaños, unos miserables, ¿sabe, Maestro? Tienen más dinero que todos los duques de Italia. ¿No es así, Bernardino? *(A* **Leonardo***)* Ah, por poco se me olvida que el Santo Padre, el Papa Alejandro llega la semana que viene. Me gustaría mucho develar el fresco en su honor. ¿Qué dice? ¿Le parece bien?
LEONARDO: ¿Esta semana entrante?
LUDOVICO: Sabía que podía contar con usted. *(Pausa)* Por cierto, cuando la princesa Beatriz regresó del convento, a ella–a ella–
BERNARDINO: –le brotaba el entusiasmo.
LUDOVICO: ¡A sí mismo–con elogios para el fresco! Oh– *(Pausa)* Otra cosa que le quería mencionar–acerca del baile de máscaras–no sabe lo mucho que le agradezco lo que está haciendo por ella. Sé lo ocupado que está. Digo, ¿quién quiere perder tiempo en disfraces para un baile? Pero, ¿qué le vamos a hacer, eh? Las chicas–¡son tan irresistibles! ¡Usted sabe de lo que estoy hablando!
BERNARDINO: *(Aparte)* No tiene idea.
LUDOVICO: Ahora bien, Maestro, vamos a hablar del caballo.

LUDOVICO: *(Cont.)* ¡El caballo es espléndido! Tan fabuloso es ese caballo–que lo vamos a tener que colocar en otro lugar.

LEONARDO: ¿Colocar?

LUDOVICO: *(Pausa)* Vi cuando trataba de montarle la cola. Quedé–

BERNARDINO: –perplejo.

LUDOVICO: Sí–eso mismo, excelente palabra–perplejo, sin lugar a dudas. El caballo es un monumento tan enorme que la gente no podrá apreciar su belleza en los estrechos confines del patio. La estatua hay que verla de lejos.

LEONARDO: ¿Dónde sugiere vuestra merced que llevemos el–caballo?

LUDOVICO: A Constantinopla. *(Ríe)* Estoy bromeando, Maestro, pero es que ¡ese caballo sí es un coloso! Yo no tenía idea, nunca me lo hubiera imaginado, ¡ni en un millón de años!

LEONARDO: *(Pausa)* Majestad, el tamaño de la estatua lo determina la gloria de la Casa de Sforza,

BERNARDINO: *(Aparte)* ¡Sabía que iba a decir eso!

LUDOVICO: Bueno, Maestro, es cierto, sí–y créame que le estoy muy agradecido–por todo lo que ha trabajado en el caballo. ¿No es así, Bernardino?

BERNARDINO: Sin duda Excelencia–agradecido, sí, mucho.

LUDOVICO: Pero, usted sabe, Maestro, el destino nunca pierde la oportunidad de bendecirme con extremos. Por ejemplo, yo tengo un caballo enooooorme, y un problema pequeñiiiiito, y el caballo enooooorme me convierte el problema pequeñiiiiito en un grandísimo dolor de cabeza. *(Pausa)* «Mon petit problem» es el Rey de Galia. Es un hombre chiquito, sabe–así; es más, no me llega a los hombros. Sin embargo, aunque Luis es pequeño, él tiene grandes planes para Milán.

LEONARDO: Perdóneme, vuestra Majestad, pero no comprendo qué tiene que ver el monumento Sforezco con el Rey de Francia. Me disculpa, soy un ignorante.

LUDOVICO: Maestro, ¿cuánto bronce necesita usted para el caballo?

LEONARDO: Cincuenta toneladas.

LUDOVICO: ¡Cin–! *(Pausa)* Bernardino, Bernardino, ¿cuántos cañones le podemos sacar a cincuenta toneladas de bronce?

BERNARDINO: Dos cañones y medio por tonelada, vuestra Majestad.

LUDOVICO: A usted le gusta jugar con números, Maestro.

LUDOVICO: *(Cont.)* Cincuenta toneladas de bronce me garantizan suficiente artillería para proteger la ciudad, porque eso es lo único que va a mantener al Rey de Francia fuera de esta habitación. ¿Entiende, verdad? *(Pausa)* No cañones, no Moro: no Moro, no Leonardo.

BERNARDINO: Si me permite, vuestra merced, quizás Maestro Leonardo pueda fundir el caballo en otro–metal.

LUDOVICO: ¡Excelente idea, Bernardino! ¿Qué dice usted, Maestro?

BERNARDINO: Excelencia, Maestro Leonardo es un artesano con un talento que no tiene igual, un genio creativo y artístico, un hombre que nos enorgullece tener aquí en Milán. Sin duda, la estatua ecuestre, no importa el material, pasará a la historia como una de las maravillas del mundo, y su belleza y elegancia no serán igualadas jamás.

LEONARDO: ¡Pero, Excelencia!

LUDOVICO: ¿Diga usted, Maestro?

LEONARDO: Majestad, ¡yo–diseñé hornos especiales para fundir bronce!

BERNARDINO: De nuevo, le pido disculpas, vuestra majestad, pero me parece que un hombre con la ingenuidad incomparable del Maestro Leonardo, no va a tener ninguna dificultad para hacerles los cambios necesarios a los hornos, ¿no cree usted, Maestro?

LEONARDO: ¡No! ¡De ninguna manera, no puede ser! Excelencia, fundir el monumento en otro metal requiere un proceso totalmente diferente. ¿Cómo puedo abandonar todo lo que se ha hecho hasta ahora? Sentarme a diseñar otro monumento– porque eso es lo que estaría haciendo, tomaría demasiado tiempo.

LUDOVICO: Usted tiene tiempo, lo que no tiene es bronce.

LEONARDO: Majestad, me he sacrificado, hasta he trabajado sin paga, porque mi única meta es servirle al moro–

LUDOVICO: ¿Cómo fue? ¿Qué dijo? ¿Sin paga? ¿Cuándo fue la última vez que cobró su salario, Maestro?

LEONARDO: Hace un año, vuestra merced.

LUDOVICO: ¿Qué? ¿¡Un año!? ¡Pero, eso es terrible! ¡Qué barbaridad! Yo–yo no sé qué decirle. ¿Por qué no me lo dijo antes? ¿Cómo puede ser posible? *(Pausa)* Bernardino, ¡Qué este hombre tiene que comer, caramba!

BERNARDINO: Estoy seguro que todo ha sido un malentendido.

LUDOVICO: Ahora mismo ajustamos cuentas. Bernardino, llámate a Gualtieri.

Mutis **Bernardino**.

LUDOVICO: *(Pausa)* Mire, Maestro, volviendo al caballo, usted tiene otra alternativa. *(Pausa)* ¿Por qué tan grande? ¿Por qué no un poco más pequeño? Después de todo, ¿quién es el artista más talentoso de Italia, quizás de todo el universo?

Entra **Bernardino**.

BERNARDINO: Bramante, pero está muy ocupado.
LUDOVICO: *(Pausa)* ¡Hablo del Maestro Leonardo, Bernardino!
BERNARDINO: Mil perdones, Excelencia. *(Pausa)* Maestro, si tiene la amabilidad–

Ludovico *le da la espalda al artista.*

Mutis **Bernardino** *y* **Leonardo**.

Telón.

Escena xii

Esa noche. La vivienda de **Leonardo**. *Está sentado en el piso, tocando un laúd. Tiene una jarra de vino y varios modelos del Caballo a su lado.*

LEONARDO: *(Canta)*
Quieren el bronce de mi corcel,
Para cañones, ¿qué puedo hacer?

Queda la cena del comedor.
Poco dinero, me da terror.
Me da terror. Me da terror–

Leonardo *deja caer el laúd y duerme.*

Entran **Lorenzo**, **Antonio**, **Marco** *y* **Salaí** *medios vestidos y dormidos.*

LORENZO: ¡Carajo! ¡Son las tres de la mañana! ¡Despiértalo!
SALAÍ: Ni se te ocurra.
ANTONIO: No importa si amanece en el piso o en la cama. Comoquiera va a estar hecho mierda. Además, no lo podemos cargar–pesa mucho. Yo digo–déjalo tranquilo.
MARCO: Échale agua fría.
LORENZO: ¿Qué tú quieres, genio, que le dé un resfriado?
SALAÍ: Odia los baños fríos.
MARCO: No te digo que lo bañes, morón–¡para que se despierte!
ANTONIO: ¿¡Por qué!?
LORENZO: ¡Porque sí!
ANTONIO: ¿Porque sí qué?
LORENZO: Porque es bueno meter la cabeza en agua fría cuando uno se emborracha.
ANTONIO: ¿Quién dice?
LORENZO: Yo digo.
ANTONIO: ¿Y cuándo fue la última vez que tú te emborrachaste?
SALAÍ: ¡Maestro, despierte!
MARCO: Mámale la polla, para que veas como brinca. ¡Ja, ja, ja!

SALAÍ: ¡Vete al carajo!
ANTONIO: ¡Shhhh!
LEONARDO: ¿Qué hora–es?
LORENZO: Tarde.
SALAÍ: Bien tarde.
LEONARDO: *(Canta)*

Quieren el bronce de mi corcel,
Para cañones, ¿qué puedo hacer?
Queda la cena del comedor.
Poco dinero, me da terror.
Me da terror. Me da terror–

LORENZO: Venga, Maestro.
MARCO: *(A* **Salaí***)* Yo odio dormir con un borracho.
SALAÍ: *(A* **Marco***)* No te preocupes.
ANTONIO: ¡Niñas! ¡Ayuden, coño, que pesa!
LEONARDO: *(Canta)*

Quieren el bronce de mi corcel,
Para cañones, ¿qué puedo hacer?
Queda la cena del comedor.
Poco dinero, me da terror.
Me da terror. Me da terror–

LOS CHICOS: ¡Me da terror. Me da terror!

Mutis **Leonardo** *y los chicos.*

Telón.

Escena xiii

Al día siguiente. El comedor.

MARCO: ¿Qué hacemos aquí?
LORENZO: ¿Qué te importa? Es nuestro deber.
MARCO: ¿Deber de qué? Mientras Salaí se queda en casa durmiendo, metiendo con su amo.
ANTONIO: Comoquiera, es un inútil. ¿Trajiste los naipes?
LORENZO: Dale–
MARCO: *(Sube al andamio)* Yo voy a dormir una siesta.
ANTONIO: Pedro y Juan te están velando.
MARCO: Que se vayan al carajo–los dos.
LORENZO: El Maestro–ése se queda en cama todo el día, te lo aseguro.
ANTONIO: Esto es tan aburrido. Digo, ¡vamos a estar aquí todo el día!
LORENZO: Para eso te pagan.
ANTONIO: «Pagan». ¿A quién? Marco, ¿a ti te están pagando? *(Pausa)* ¡A mí tampoco!
LORENZO: Te pagan, sí–aunque no con dinero. Estás aprendiendo–
ANTONIO: Mierda.
LORENZO: Juega y calla.
ANTONIO: ¿Por qué no vamos al pueblo?
LORENZO: ¿Estás loco? ¿Y si se aparece Maestro Leonardo?
ANTONIO: Acabas de decir que él no sale de casa–
LORENZO: Sí, pero ¿y si cambia de parecer?
ANTONIO: *(Pausa)* Te apuesto cualquier cosa que me puedo parar en el medio del comedor–sin ropa, desnudo–y nadie–ni se enterarían.
LORENZO: *(Pausa)* No te atreves.
MARCO: Ni loco.
ANTONIO: Aquí el único cagueta eres tú. ¿Cuánto quieres apostar? Se me olvidó. No tienes plata.
LORENZO: Tú tampoco.
ANTONIO: Pero yo voy a ganar, así que no me importa.
LORENZO: ¿Tú–desnudo en medio del comedor?
ANTONIO: Sí.
MARCO: ¿Por cuánto tiempo?
ANTONIO: *(Pausa)* Dos horas.

MARCO: ¡Dale, pero ten cuidado que si te ven los hermanitos, se enamoran de ti.

Entra **Fray Marcelino**.

MARCELINO: Con zu permizo, vuestra merzé. Zoy fray Marzelino. Buzco al maeztro Leonardo. Fray Bandello dijo que aquí lo encontraría. Ze zuponía que viniera antez, pero me enfermé. Milez dizculpas, zi le he moleztado su paz, mi zeñor.
LORENZO: *(Pausa)* Yo soy el Maestro Leonardo. Acérquese, que no lo veo.
MARCELINO: Bueno–ez que–
LORENZO: Vamos, ¿qué quiere? ¿Qué mira? ¿No ve que estoy ocupado?
MARCELINO: Fray Bandello me dijo que nezezitaba a alguien para la pintura.
LORENZO: ¿Qué pintura?
MARCELINO: No zé. El prior no dijo qué pintura.
ANTONIO: *(Pausa)* Maestro–¿quizás fray Bandello se refiere al fresco?
LORENZO: Tiene sentido ya que no tenemos ninguna otra pintura. *(Pausa)* Así que usted quiere posar para mí.
MARCELINO: ¿Pozar? N–no sé. ¿Qué es eso de «pozar»?
LORENZO: ¿Usted viene a modelar para la pintura, sí o no?
MARCELINO: Me ordenó el prior hazer cual fuera zu plazer.
LORENZO: ¡Silla! *(Pausa)* Siéntese.
MARCELINO: ¿Por qué?
LORENZO: Porque esto va a tomar tiempo.
MARCELINO: Yo puedo ezperar.
LORENZO: Se va a cansar.
MARCELINO: No creo.
LORENZO: *(Pausa)* Muy bien, entonces. *(Pausa)* Mmmm–
MARCELINO: ¿Qué pasa?
LORENZO: Usted tiene una nariz muy larga–
MARCELINO: ¿Y?
LORENZO: –casi no tiene barbilla.
MARCELINO: ¿No me diga?
LORENZO: Tiene una frente muy ancha–
MARCELINO: ¿De veras?

LORENZO: –y es muy preguntón. *(Pausa)* Ah, ¡esto es imposible! ¿Cómo espera usted que logre captar la perspectiva necesaria, con esa nariz? ¿Usted está seguro de que fray Bandello le dijo que viniera donde mí?

MARCELINO: Zeguramente que lo dijo. ¿Qué ez perspectiva?

LORENZO: ¿Perspectiva? ¡La perspectiva lo es todo!

ANTONIO: No todo, Maestro.

LORENZO: ¡Seguro que sí!

ANTONIO: Luz, sombra y color son tan importantes como la perspectiva.

LORENZO: ¿Quién dijo?

ANTONIO: Dijo usted–Maestro.

LORENZO: *(Pausa)* Ah, sí, mi estudiante tiene razón. La perspectiva no lo es todo.

MARCO: Pero sigue siendo muy importante.

Lorenzo *le entrega a* **Marcelino** *un balde.*

LORENZO: Póngaselo en la cabeza. *(Pausa)* ¿¡Pero–qué hace, hombre!?

MARCELINO: *(Con la cabeza en el balde)* ¡No dijo que–!

LORENZO: Encima–¡no dije que metiera la cabeza– *(Desde el andamio)* ¡Dese vuelta, por favor! Ahora mire para acá.

MARCELINO: Pero–¿qué hace?

LORENZO: Buscando el ángulo correcto.

MARCELINO: Oh.

MARCO: Qué no es lo mismo que la perspectiva.

LORENZO: *(Pausa)* No sé. Usted tiene algo que no me gusta.

MARCO: Maestro, el cubo y la ropa no pegan.

LORENZO: Tiene toda la razón. *(A* **Marcelino***)* ¡Quítese el cubo de la cabeza y esa porquería que lleva puesta!

MARCELINO: ¿¡Qué!?

LORENZO: Es imposible. ¡No puedo dibujarlo así, punto! ¡O se la quita, o se larga de todo esto!

MARCELINO: ¡Pero–mi zeñor!

LORENZO: Señor, no. ¡Maestro! *(Pausa)* ¡Fuera, vamos, que me está haciendo perder tiempo!

ANTONIO: ¿Qué tal si enseña nada más que los hombros, Maestro? Después de todo, usted sólo necesita la cara, no el cuerpo.

MARCELINO: Me da resfrío.

LORENZO: ¡No diga estupideces, hombre, que aquí hace más calor que en el infierno!

Marcelino *se descubre los hombros.*

LORENZO: *(Pausa)* ¡Jesús, que horror! ¡Cúbrase, que insulta la vista! *(Pausa)* Oiga, por casualidad ¿es usted de Francia?
MARCELINO: ¿Yo–Francés? ¡Dios me salve!
LORENZO: Usted no es de aquí.
MARCELINO: Soy español.
LORENZO: Ah, eso lo explica todo.
MARCELINO: Maestro, ¿cuánto tiempo tarda pintar una pared azí?
LORENZO: Meses y meses.
MARCO: Años.
ANTONIO: Y todavía falta.
MARCELINO: ¿Por qué tanto?
LORENZO: *(Pausa-imita a* **Leonardo***)* Es más que una pintura en la pared. Estoy tratando de captar la verdad; el conflicto eterno y universal entre el Mal y el Bien; entre lo que representa el Cristo y lo que representa el Judas. El enfoque de la obra es el rostro de Jesús; acentúa su soledad; se encuentra solo aunque está en compañía de sus discípulos. *(Pausa)* ¿No cree que la dignidad del Cristo, su indiferencia y su perfecta tranquilidad lo apartan del resto? Mire como extiende los brazos al centro del fresco, su mano izquierda trata de alcanzar el pan mientras recita aquellas palabras–«tomad, comed que éste es mi cuerpo».
MARCELINO: ¡Me deja zin aliento!
LORENZO: *(Pausa)* Los apóstoles están en grupos de tres, ¿lo ve? A la izquierda de nuestro Señor está Tomás; sentado al lado de Jesús extendiendo los brazos, está Santiago el Mayor. A extrema izquierda, Bartolomé, Santiago el Menor y Andrés. Observe que Andrés está sentado al lado de su hermano, Pedro, quién le hace una pregunta a Juan. Aquí al otro lado tenemos a Tadeo, a Mateo y a Simón, quién es distinto de Pedro, cuyo nombre propio también era Simón, y para no confundir. ¿Me sigue? *(Pausa)* Dos arcos enormes, uno a cada lado, unen los grupos. Y lo más importante es que enlazando todo esto hay dos polos opuestos–

LORENZO: *(Cont.)* –el Bien contra el Mal; uno a la derecha, y el otro a la izquierda. A la izquierda–a la izquierda de Jesús–fe, y pureza en la persona de Felipe. Estoy seguro de que se acuerda de que Felipe estuvo con Cristo desde el comienzo.

MARCELINO:¡Lo recuerdo, lo recuerdo!

LORENZO: Como recompensa, lo he colocado a un nivel más alto que a los demás. Puede ver que he captado el momento, el instante en el cual nuestro Señor revela que– «entre vosotros habrá uno que me entregará». *(Pausa)* ¡Los apóstoles enfáticamente muestran su angustia; ellos se preguntan a quién se refiere Jesús!

MARCELINO: *(Grita)* ¡Judas!

LORENZO: ¡Así es! ¡Judas, naturalmente! Ese corrupto traidor–ahí lo tiene, más bajo que el resto. ¿Ve la línea invisible que pasa a través del rostro del Cristo, y conecta a Felipe con ese–malvado?

MARCELINO: ¡La veo, zí la veo!

LORENZO: *(Señala)* Judas a la derecha de nuestro salvador. Judas y Cristo, tratando de alcanzar el mismo platillo. ¡Corroído de vergüenza y culpabilidad, Judas retrocede, acobardado porque sabe que si su mano toca a Cristo, quedará identificado como el traidor!

MARCELINO: ¡Magnífico! ¡Sublime! ¡No tengo palabras–!

LORENZO: ¡Lo tiene todo, drama, ritual, traición, el sacrificio y la salvación! *(Pausa)* Pero me falta el Mal, y ahí es donde entra usted.

MARCELINO: *(Pausa)* ¿Yo? ¿Qué uzted quiere uzarme–pintarme como–el Cristo?

LORENZO: Como Judas.

MARCELINO: ¿Qué uzted va a pintar mi cara–?

LORENZO: ¿Tiene algún inconveniente? *(Señala a* **Marco***)* Yo pinté a su madre como–

MARCELINO: ¿Yo? ¿Pazar a la historia como el Judaz?

Marcelino *pega un grito. Mutis* **Marcelino**.

LORENZO: ¿Para dónde va? ¡Regrese!

ANTONIO: *(Ríe)* ¡Pintaste su madre!

MARCO: *(Ríe)* ¡Y tu hermana, hijo de puta!

LORENZO: No tenía cara de Judas.

ANTONIO: *(Ríe)* ¡De María Magdalena!

Marco *se sube al andamio para imitar a* **Lorenzo** *imitando al Maestro* **Leonardo**.

MARCO: ¡Lo tiene todo, drama, ritual, traición, el sacrificio y la salvación!
ANTONIO: ¡Creí que me orinaba encima!
MARCO: ¡Deja que el Maestro Leonardo se entere!
LORENZO: ¿Y quién se lo va a decir, ah?
MARCO: La mariquita que acaba de salir corriendo. ¡Ella se lo va a decir a Bandello, quien puedes estar seguro se lo dirá al Maestro Leonardo!
LORENZO: *(Pausa)* Quizás. ¡Y quizás yo le digo a Salaí que tú te haces la paja soñando con él!
MARCO: ¡Vete al carajo, cabrón!
LORENZO: ¡Al carajo se va tu madre, maricón!
ANTONIO: ¡Ya! ¡Qué nos van a oír!

Marco *lanza la brocha con pintura a* **Lorenzo** *pero le pega a* **Antonio**.

ANTONIO: ¡Hijo de puta! ¡Mira lo que le hiciste a mi camisa favorita–que me la hizo mi madre!

Antonio *recoge la brocha del suelo y se la lanza a* **Marco**. *Le pega al fresco. Pausa.*

LORENZO: *(Hala el pelo)* ¡Virgen Santa! ¡Santa Madre de Dios! ¡¡¡Ay Dios mío!!!

Horrorizado, **Marco** *trata de desmontarse del andamio pero la chaqueta se le agarra de la barandilla, tirándolo a él y todo al piso, incluyendo el andamio, con un gran estruendo. Pausa.*

LORENZO: Oh, oh.

Telón.

Fin Primer Acto

Segundo Acto

Escena i

Al mismo tiempo. La residencia de **Leonardo***; su habitación.*

SONIDO: Lluvia y truenos.

LEONARDO: *(Despertando)* ¿Qué haces aquí?
SALAÍ: *(Medio dormido)* Creí que se había muerto.
LEONARDO: ¿Qué–hora es?
SALAÍ: No sé–como medio día.
LEONARDO: *(Pausa)* ¿Dónde están–?
SALAÍ: Salieron temprano para el monasterio–eso fue lo que dijeron. *(Pausa)* Sofía está en la cocina.
LEONARDO: *(Pausa)* ¿A que no sabes que algunos pastores en la Romaña cavan grandes huecos en las montañas en forma de cuernos?
SALAÍ: ¿Qué dijo?
LEONARDO: ¿Y a que no sabes que hay un riachuelo en Sicilia donde, durante cierta época del año, aparece en el agua una gran cantidad de hojas de castaño–?
SALAÍ: Maestro–
LEONARDO: –lo que es muy extraño porque en Sicilia esos árboles no existen, lo que hace evidente que el riachuelo surge de alguna fuente subterránea en Italia, la cual aparece en la superficie en Sicilia.
SALAÍ: ¿De qué habla?
LEONARDO: *(Pausa)* ¿Qué dije? ¡Ay, que dolor de cabeza! *(Pausa)* Ven aquí–
SALAÍ: No. Evité que se cayera de la cama–que se diera un golpe, pero ahora estoy descansando. Hasta los sirvientes tienen derecho a descansar.
LEONARDO: ¡Ya, por Dios! ¡Deja las tonterías!
SALAÍ: ¿¡Tonterías!? ¿Es una tontería saber que sólo soy un criado? ¿Es una tontería saber que no me quiere?
LEONARDO: ¡Seguro que te quiero! ¿Cómo no te voy a querer? ¡Es imposible no quererte! ¿Qué te pasa?
SALAÍ: ¿Y por qué no me contestó la otra noche? ¿Le avergüenza decir que me quiere? ¿Por qué le dijo a Lucca que yo era su criado?
LEONARDO: ¡Salaí! *(Pausa)* Por favor–mira que no me siento bien.
SALAÍ: ¿Me quiere o no?

LEONARDO: *(Pausa)* No puedo ni empezar a decirte cuánto te amo.

SALAÍ: ¿Por qué no trata?

LEONARDO: ¿Cómo puedo hacerte entender lo difícil que se me hace expresar mis sentimientos más íntimos; sentimientos que no me atrevo dar? ¿Cómo explicarte lo importante que es mantener ciertas apariencias, por más doloroso que sea? *(Pausa)* ¡No me gusta sentirme tan mal–ohhhh!

SALAÍ: Deje de beber. *(Pausa)* Maestro–

LEONARDO: ¿Ah?

SALAÍ: ¿Quién fue su primer amante?

LEONARDO: ¡Ay, por favor, que estoy enfermo!

SALAÍ: ¿Cuántos años tenía usted cuando hizo el amor por primera vez?

LEONARDO: Tendría tu edad. Hace tanto tiempo–

SALAÍ: ¿Y no recuerda a su primer amante?

LEONARDO: *(Pausa)* Mi tío.

SALAÍ: ¿Lo quería mucho?

LEONARDO: Mucho. Fue mi mejor amigo.

SALAÍ: ¿Y después?

LEONARDO: *(Suspira)* Mi maestro.

SALAÍ: *(Ríe)* ¡Su maestro! ¿Verrocchio?

LEONARDO: ¿Por qué te sorprende?

SALAÍ: Es que–

LEONARDO: No me quitaba las manos de encima. Ohhhh, ¡mi pobre cabeza!

SALAÍ: ¿Llegó a quererlo?

LEONARDO: *(Pausa)* Nunca lo quise. Era muy buen amigo, pero no puedo decir que lo amé.

SALAÍ: ¿Y él a usted?

LEONARDO: Me imagino. Se pasaba dibujándome. Los artistas tenemos la tendencia de enamorarnos de nuestras creaciones.

SALAÍ: Usted hace lo mismo conmigo. *(Pausa)* Tiene un tufo encima–

LEONARDO: Tú no hueles muy bien que digamos.

Salaí *se acurruca al lado de* **Leonardo. Luces** *bajan lentamente.*

SALAÍ: Entonces, ¿usted me ama?

Telón.

Escena ii

Al mismo tiempo. El castillo; la habitación de **Ludovico**.

SONIDO: Lluvia y truenos.

BEATRIZ: ¡Dos días!
LUDOVICO: Tiene cosas que hacer, querida. No pongas esa cara, amorcito. Te prometo que vendrá, no te preocupes.
BEATRIZ: Todo es culpa tuya. ¡Él me lo dijo!
LUDOVICO: ¡Mi culpa!
BEATRIZ: ¡Sí! ¡Lo mantienes tan ocupado que no tiene tiempo para nada–ni siquiera para mí!
LUDOVICO: Yo tengo tiempo para ti–todo el tiempo que desees.
BEATRIZ: Deja eso, por favor, que no me gusta. Parece que te da risa esta situación. ¿Será posible que te divierta mi infelicidad?
LUDOVICO: De ninguna manera, amorcito.
BEATRIZ: Entonces dime, ¿qué pasa si el Maestro Leonardo–?
LUDOVICO: ¡Qué rayos sé! ¿¡Qué pasa si hay un terremoto y nos traga la tierra!? Son muchas las cosas que pueden pasar, Beatriz, todas excepto que el Maestro Leonardo no se aparezca con tus trajes. Confía en mí, querida.

Ludovico *trata nuevamente de hacerle el amor a* **Beatriz**.

BEATRIZ: ¡Dije que no!
LUDOVICO: ¿Por qué?
BEATRIZ: No tengo ganas. Estoy cansada, Ludovico. *(Pausa)* Quítate del frente, por amor a Dios, que te ves ridículo.
LUDOVICO: *(Pausa)* Querida–
BEATRIZ: ¿Qué quieres?
LUDOVICO: ¿Por qué estás tan difícil?
BEATRIZ: ¿¡Yo!? ¿Difícil? ¿Crees que estoy siendo difícil? ¿Es que pretendes que me haga la loca como si no hubiera pasado nada?
LUDOVICO: Ya te dije, el Maestro Leonardo–
BEATRIZ: Primero me dices que no te preocupa que el Maestro Leonardo no me haya traído los trajes–eso fue lo que dijiste,

BEATRIZ: *(Cont.)* Ludovico, no me lo niegues–¡sabiendo lo que significa el baile de máscaras para mí!

¡Y como si eso no fuera suficiente, sé que mantienes a esa puta, a esa vaca ramera, a esa chocha de bruja, aquí en el castillo!

LUDOVICO: ¿De quién hablas?

BEATRIZ: ¡No te hagas el tonto, sabes perfectamente de quién! ¿Cómo te atreves a tratarme como una chiquilla? ¡No te lo voy a permitir! Yo sé que ese degenerado Bernardino da Corte hace lo que puede para menospreciar mi autoridad. Él sabe lo despreciable que es para mí esa mujer. ¡Él ignora tus órdenes, y no le da la más mínima importancia a lo que yo le digo!

LUDOVICO: *(Pausa)* Cecilia salió de la ciudad el mismo día en que lo ordenaste.

BEATRIZ: ¡No me mientas! ¡Ten la bondad de ser un poco más honrado conmigo! ¡La puta está aquí, y está bajo la protección de ese villano, que no es otra cosa que un–macarra!

LUDOVICO: Cariño, eso no es verdad. Ahora, por favor, habla de otra cosa.

BEATRIZ: Ya esto es absurdo, Ludovico. ¡Qué el propio Duque de Milán no sepa lo que su jefe de seguridad está haciendo debajo de sus propias narices! ¡Qué el Duque de Milán no sepa cuando su consejero le miente! Esto ya es intolerable. ¡Lo odio, lo odio, lo odio!

LUDOVICO: No sé por qué hablas así de Bernardino. No sabes las veces que él me ha salvado de mí mismo, querida. Es gracias a Bernardino que he podido mantener mis enemigos al otro lado de las murallas de la ciudad.

BEATRIZ: Déjame tranquila, que quiero dormir en paz.

Pausa. **Ludovico** *se levanta y se arropa con una sábana.*

Mutis **Ludovico** *por una salida secreta en la pared.*

Telón.

Escena iii

Al día siguiente. El comedor.

LEONARDO: ¿Y qué pasó aquí? Lorenzo–

LORENZO: ¿M–Maestro?

LEONARDO: Dibujaste de nuevo el plato y la trucha.

LORENZO: *(Pausa)* ¿¡Quién dijo!? *(Pausa)* Bueno–es que tuve que hacerlo.

LEONARDO: ¿Por qué?

LORENZO: *(Pausa)* No–no me gustaba–como se veía.

LEONARDO: Yo mismo los pinté. ¿Quieres decir que según tú, tu trucha quedó mejor que la mía?

LORENZO: ¡Ah, no, no, no, mi señor, seguro que no! ¡Eso es imposible!

LEONARDO: Entonces ¿por qué volviste a dibujar el plato y el pez?

LORENZO: Bueno, Maestro, como usted comprende–

ANTONIO: ¡Fue un accidente!

MARCO: ¡¡Sí, lo fue, lo juro!! ¡No lo hicimos adrede!

LORENZO: *(Se arrodilla)* ¡Tuve que hacerlo, Maestro! El pez–¡Quédó arruinado después de que una brocha de las más grandes, y chorreando pintura color de sangre, como cuando sacrifican un cabro, le dio a la–!

LEONARDO: *(Tranquilo)* ¿Oh? ¿No me digas? *(Pausa)* ¿Una brocha con pintura roja? Y ¿cómo fue posible que esa brocha tan mala llegara hasta el plato y la trucha? ¿Fue quizás que la brocha cobró vida de repente? ¿Quizás consecuencia de un hechizo? ¿O habrá sido que cuando abrieron las puertas, una violenta ráfaga alzó la brocha como por arte de magia, y la estrelló contra la pared? ¿O es que también pudo haber sido un travieso duendecillo haciendo de las suyas? *(Pausa)* ¿¡No me digan que el refectorio está embrujado!? *(Pausa)* ¿Qué habrá pasado, me pregunto? Vamos a ver. Llegaron al comedor, y como no tenían que hacer, se aburrieron; me imagino que se pusieron a perder el tiempo, a perseguirse el uno al otro, y a hacer otras pocasvergüenzas. Marco se subió al andamio, y le tiró la brocha a Antonio. Antonio le devolvió el tiro, pero en vez de darle a Marco hizo blanco en la pared. De pronto, lo que comenzó como un inocente juego entre una partida de manganzones, se convirtió en un desastre.

LEONARDO: *(Cont.)* A Marco le entró el pánico y al tratar de desmontarse del andamio a toda prisa, se le enganchó la chaqueta en la barandilla, y la plataforma se vino al piso.

ANTONIO: ¡Él me dio con la brocha, Maestro, me manchó la camisa que me regaló mi madre! ¡No fue mi intención dar en la pared! ¡Se lo juro por mi madre!

LEONARDO: *(Sonriendo)*¿La misma que te regaló la camisa? *(Pausa)* Y no te apures, sabemos que no fue a propósito, porque no tiene sentido destruir algo que les ha tomado tanto trabajo y tiempo, ¿no es así? Pero no me digan que fue un accidente porque no lo fue. Ponerse a tirar brochas y cosas es algo muy infantil, una imprudencia que demuestra muy poca disciplina.

MARCO: La verdad es–

LEONARDO: ¿La verdad? Sí, por favor, díganos cuál es la verdad.

MARCO: No le tiré la brocha a Antonio. Se la tiré a Lorenzo.

LEONARDO: Pues tienes muy mala puntería porque le diste a Antonio.

MARCO: ¿Cómo lo supo?

LEONARDO: Tu camisa se manchó con pintura roja. El chaleco de Marco está desgarrado en un lado. En cuanto me subí al andamio, me di cuenta de que habían movido y de que le habían reforzado las patas, lo que me indica que se cayó y lo tuvieron que armar nuevamente. *(Pausa)* Miren, llevo más de tres años subiendo y bajando esa plataforma. ¿No creen que me voy a dar cuenta si la mueven, no importa cuán poco?

LORENZO: ¿Y el plato?

LEONARDO: Buen trabajo. Pero será triste el día cuando yo no pueda ver la diferencia entre lo que pinta el alumno y lo que pinta el maestro. No es nada más que observación y un poco de sentido común.

MARCO: ¿Y–y no está enojado?

LEONARDO: ¿Es que sueno enojado?

ANTONIO: N–no.

LEONARDO: ¿Es que debo estarlo?

MARCO: ¡No!

LORENZO & ANTONIO: ¡Por favor, no, Maestro!

LEONARDO: Después de todo, montaron el andamio, arreglaron la pintura, y limpiaron el comedor. *(Pausa)* Oye, Salaí, tuviste suerte que no estabas aquí.

SALAÍ: *(Ríe)* ¡Lo sé! ¡Me hubieran echado la culpa!

LEONARDO: Ahora, vamos a ver si podemos terminar esta–esta pared.

LORENZO: No tenemos amarillo, Maestro. No hemos sabido de Lucca.

LEONARDO: Salaí, averigua qué pasó–y tráete dos sacos. *(Pausa)* Yo estaré en el castillo– ayudando a vestir a la princesa para su baile.

Mutis **Salaí**.

LEONARDO: *(Llama al chico)* ¡Y no te quiero comiendo dulces! *(A* **Antonio***)* Vamos. *(A* **Lorenzo***)* Como el pez no necesita amarillo, hazlo de nuevo.

LORENZO: ¿El pez?

LEONARDO: Ese mismo–de nuevo.

LORENZO: ¿Por qué? ¿No dijo usted que–?

LEONARDO: Querido–el pez te quedó bien, pero no está perfecto. *(Pausa)* Cuando regrese Salaí, le dices que me espere. Pídele su opinión, pregúntale qué cambios él le haría al mantel–no te preocupes, no vamos a cambiar nada. Sólo quiero ver si se entusiasma con algo. *(A* **Marco***)* Vente con nosotros.

Mutis **Leonardo**, **Antonio** *y* **Marco**.

LORENZO: *(Pausa)* Bueno, por lo menos el hombre está feliz.

Telón.

Escena iv

Al mismo tiempo. **Lateral Izquierdo**; *frente a la confitería de* **Tomasino**.

Entra **Salaí**.

TOMASINO: ¡Psss! ¿Dónde estabas metido? ¿Estás de prisa?
SALAÍ: Sí, ¿por qué?
TOMASINO: ¡Me estoy volviendo loco! ¡Se ha regado que los dulces de Beatriz salen de aquí!
SALAÍ: ¿No era eso lo que querías?
TOMASINO: Me imagino que sí. El problema es que ahora tengo tanto trabajo–y con mi madre todavía enferma–yo no puedo salir ni a respirar. Me levanto a las cuatro y me paso todo el día corriendo de la cocina al mostrador– *(Pausa)* Ayer nada más apareció una doña con sus tres hijas pequeñas y quería cinco caja de confites de anís. ¡Dentro de poco, no habrá otro sitio en la ciudad para dulces, sino la casa de Tomasino!
SALAÍ: ¡Te vas a ser más rico que Lucca!
TOMASINO: ¡No si no puedo hacer entregas! *(Pausa)* ¿Qué te parece? ¿Tendrás tiempo para darte una vuelta por el castillo?
SALAÍ: *(Pausa-sonríe)* Creo que sí–puedo regresar por el pigmento.
TOMASINO: ¡Así me gusta!

Luces *disminuyen en la calle.*

Lateral Derecho: *El castillo; la habitación de* **Beatriz**.

Entran **Leonardo**, **Antonio** *y* **Marco** *con los vestidos para la princesa.*

LUDOVICO: ¡Maestro Leonardo! No sabe lo que me alegro verlo.
BEATRIZ: ¡Oh, Maestro! ¡Creí que se había olvidado de mí!
LEONARDO: Vuestra majestad sabe que eso es imposible. Sin embargo, me disculpo por no haber venido antes–es que, bueno–ayer estuve de cama.
BEATRIZ: Sé exactamente como se siente, Maestro. ¡Yo llevo sudando todo el día! Oiga, ¿por qué no se inventa algo para controlar este calor?

Pausa.

LUDOVICO: *(Ríe)* Así es. ¡Todo el mundo se queja del clima, pero sólo el gran Leonardo se atreve a hacer algo al respecto! *(Pausa)* ¿Qué trae ahí, Maestro? Espero que no sea el hocico del caballo.
LEONARDO: No, Excelencia, son los trajes que le prometí a vuestra señora.
BEATRIZ: ¡Ah, Maestro, es usted maravilloso!

Leonardo *le enseña el disfraz de «rosas».*

LEONARDO: Este es el traje que le mencioné a vuestra majestad. Tiene cientos de pétalos de rosa pegados en un vestido de seda, teñido del mismo color que los pétalos. Eso permite que la fragancia natural de la flor maraville a los presentes. El traje también lleva un sombrero de papel-maché, representando la flor en plena floración.
BEATRIZ: El sombrero es enorme, Maestro.
LUDOVICO: *(Ríe)* Seguro, ¡si lo diseñó el gran Leonardo!
LEONARDO: No tiene porque preocuparse–es liviano.
BEATRIZ: Bueno, Maestro, y mi marido, ¿qué tiene para él?

Leonardo *le enseña el disfraz de «abeja».*

LUDOVICO: ¡Ni lo pienses!
BEATRIZ: Oh, ¿por qué no?
LUDOVICO: Porque se ve ridículo.
BEATRIZ: ¡Pero, Ludovico! Si nos vamos a divertir tanto. ¡A la gente le va a encantar!
LUDOVICO: ¡No!
BEATRIZ: Por favor– si no, voy a estar–voy a ponerme tan y tan–
LUDOVICO: *(A* **Leonardo***)* ¿Idea suya?
BEATRIZ: No culpes al Maestro Leonardo, Ludovico. Todo fue idea mía. No te me enojes.
LUDOVICO: Sé que quieres lucir algo único, pero yo–
BEATRIZ: No te enojes.
LUDOVICO: *(Pausa)* No estoy enojado. No me puedo enojar contigo. *(Ríe)* Está bien, deja ver esa cosa–

Luces *disminuyen en el* **Lateral Izquierdo** *mientras los* **personajes** *continúan en* **Mímica**.

Lateral Derecho; *el despacho de* **Bernardino**.

Entra **Salaí**.

BERNARDINO: Adiós, ¡mira quien esta aquí! ¿Más dulces para Beatriz? ¡Qué princesa más golosa!

Bernardino *le señala al chico para que se acerque. Pone la caja de dulces a un lado y hala al muchacho hacia él.*

BERNARDINO: Giacomo, ese es tu nombre, ¿verdad? *(Lo acaricia)* Déjame preguntarte algo–¿por casualidad sabes quién soy?

Salaí *señala que no con la cabeza.*

SALAÍ: Usted es–su Excelencia.
BERNARDINO: *(Irónico)* ¡Qué bello! *(Pausa)* Yo te puedo hacer muy feliz; te puedo dar lo que tú quieras. *(Pausa)* Date una vuelta. Mmmm. Dime, Giacomino, ¿te gusta el dinero?

Salaí *titubea, luego indica que sí.* **Bernardino** *le mete la mano por dentro de la camisa y luego por dentro de las calzas.*

BERNARDINO: ¡Qué rico! ¿Estás excitado, Giacomo?
SALAÍ: ¡V–vuestra merced! ¡Por favor–se lo ruego, mi señor!
BERNARDINO: De nada te vale resistir, Giacomo.
SALAÍ: ¡No, mi señor–por favor!
BERNARDINO: ¿Por qué no?

Bernardino *trata de desnudar a* **Salaí**.

SALAÍ: ¡No!

Salaí *empuja a* **Bernardino**. *Mientras tanto, en el* **Lateral Izquierdo**: *Mutis* **Leonardo**, **Antonio** *y* **Marco**. **Ludovico** *besa a su princesa.*

Mutis **Ludovico**. **Beatriz** *se prueba el vestido frente al espejo.*

Lateral Derecho: Salaí *trata de escapársele a* **Bernardino**, *quien lo agarra por el pelo y lo tira al suelo. El chico se apodera de un candelabro y le pega a* **Bernardino** *en la cabeza. El Consejero cae para atrás, aguantándose la cabeza de dolor, dándole oportunidad al chico a escapar.*

Mutis **Salaí**.

BERNARDINO: *(Grita)* ¡Guardias! ¡Qué me matan! ¡Auxilio!

SONIDO: Gritos de «Asesino» y «¡Alto ahí, asesino!» y el ruido de hombres corriendo.

Lateral Izquierdo: *Entra* **Salaí**.

BEATRIZ: *(Tranquila)* Hola. *(Pausa)* ¿Quién eres? ¿Qué haces aquí?
SALAÍ: ¡Piedad, oh, mi señora! ¡Vine a traerle los dulces, vuestra majestad, pero un hombre trató–me trató– me trató de violar! ¡Piedad! ¡Me van a matar!
BEATRIZ: ¿¡Violar!? ¿Quién? *(Pausa)* Yo como que te conozco–

SONIDO: Tocan fuerte a la puerta.

SOLDADO: *(De fuera)* ¡Señora!
SALAÍ: *(Llora)* ¡Oh! ¡Sálveme, señora, se lo ruego! ¡Sino me matan!

Beatriz *señala al diván.*

BEATRIZ: ¡Escóndete–rápido!
SOLDADO: *(De fuera)* ¡Mi señora!

Salaí *se esconde.* **Beatriz** *lo cubre con los disfraces. Pausa.*

Entran **Soldados**, *seguidos por* **Bernardino** *y* **Ludovico**.

LUDOVICO: ¡Beatriz!

BEATRIZ: ¿Qué pasa, Ludovico? ¿Por qué tanto alboroto? Me estoy probando el traje.

LUDOVICO: ¡Hay un intruso muy peligroso en el palacio–un pérfido, un desalmado, un vil loco que atacó a Bernardino, antes de escapar!

BERNARDINO: ¡Sí, muy peligroso, mi señora!

BEATRIZ: Bueno, aquí no hay nadie más que yo. Me falta mucho por hacer y quiero estar sola. Así que, por favor, se me sale todo el mundo. *(A* **Bernardino***)* ¿Y qué le pasó a usted en la cabeza?

LUDOVICO: ¿¡Beatriz, no te acabo de decir que por poco lo mata!? *(A* **Bernardino***)* ¡Pon un guardia en la puerta! *(Grita)* Y el resto– ¡Encuentren a ese bandido! *(A* **Beatriz***)* ¿Y Silveria?

BEATRIZ: Fue a hacer un mandado. *(Pausa)* No tienes por que preocuparte, Ludovico. ¿Por qué no vas y te pruebas el disfraz para el baile?

Pausa.

Mutis **Ludovico**, **Bernardino** *y los* **Soldados**. **Beatriz** *asegura la puerta con el pasador.*

BEATRIZ: Ya puedes salir. *(Pausa)* No tienes cara de desalmado. No llores, por favor. No te apures, yo te sacaré de este lío. ¿Cómo te llamas?

SALAÍ: Giacomo.

BEATRIZ: ¿Nunca te han dicho que tienes una cara muy simpática?

Poco a poco **Beatriz** *le hace el amor a* **Salaí**, *desnudándose ella, y casi desvistiéndolo a él, mientras se lo trepa encima.*

BEATRIZ: *(Éxtasis)* ¡Oh, oh!

Pausa. Rompen la puerta de la habitación. Entran **Soldados**, **Ludovico** *y* **Bernardino**. *Pausa.* **Salaí**, *trata de escapar pero* **Beatriz** *no lo suelta.*

BEATRIZ: ¡Auxilio! ¡Ludovico! ¡Me han violado! ¡Auxilio! *(A* **Bernardino***)* ¡Canalla! ¿¡Es esto a lo que usted llama seguridad!? ¡¡Acosada–atacada en mis propias habitaciones!!

LUDOVICO: ¡Mátenlo!
BERNARDINO: ¡Un momento!
LUDOVICO: *(Grita)* ¡Dije que lo mate!

Bernardino *le aguanta la mano al* **Soldado** *a punto de apuñalar a* **Salaí**.

BERNARDINO: ¡Excelencia, le ruego, deme un momento con este canalla!
LUDOVICO: *(Pausa)* ¡Me traes la cabeza!

Mutis **Soldados** *arrastrando a* **Salaí**. **Bernardino** *los sigue.* **Luces** *disminuyen en el* **Lateral Izquierdo**.

Luces *suben:* **Lateral Derecho**; *el despacho de* **Bernardino**.

Entran **Soldados, Bernardino** *y* **Salaí**.

BERNARDINO: Amárrenle las manos y esperen fuera.

Mutis **Soldados**.

BERNARDINO: Ahora sí que lo has cagado todo, Giacomo.
SALAÍ: *(Llora)* Por Dios, mi señor, ¡no me haga daño!
BERNARDINO: ¿Hacerte daño, yo? Seguro que no te voy a hacer daño, Giacomo. Yo le dejo eso a otros, a los expertos, me entiendes, a gente que sí sabe como hacer sufrir. No debiste enojar al Moro, Giacomo. No fue muy inteligente de tu parte. *(Pausa)* Dime, Giacomo, ¿verdad que fue Beatriz? Tú entraste en su despacho, ella te vio, te ayudó a esconderte, y en cuanto pudo, te agarró la polla. ¿Verdad que eso fue lo que pasó, mi lindo? ¡Mmmm, qué cosa más rica!

Bernardino *le da bofetadas, luego viola a* **Salaí**. *El chico grita.*

BERNARDINO: No puedo culpar a Beatriz. ¡Ah, pero, pero se ve agotado! ¿Te hizo trabajar de más, la putita, eh Giacomo? No me digas que no puedes levantarlo para mí. *(Pausa)* Dime, mi niño, ¿dónde vives? Te hice una pregunta, mi lindo. ¿Dónde vives?

Larga pausa. **Bernardino** *suelta al niño en el suelo, se levanta y se alza las calzas.*

BERNARDINO: ¡Guardia!

Entran **Soldados**.

BERNARDINO: Sin lugar a dudas que valió la pena–sin lugar a dudas.

Mutis **Salaí** *y* **Soldados**.

Telón.

Escena v

Horas más tarde; el comedor.

LEONARDO: *(Grita)* ¿¡Dónde está ese delincuente!? ¡Deja de mezclar! ¡Necesito el amarillo para los tapices–no puedo hacer nada sin el amarillo! ¡Antonio! Busca a ese–

Entra **Tomasino**.

ANTONIO: Maestro–
LEONARDO: ¿Qué quieres? *(Pausa-a* **Tomasino***)* ¡Usted–¿quién es? ¡No puede estar aquí, váyase y no moleste!
TOMASINO: Si me permite, vuestra merced. ¿Es usted el Maestro Leonardo? Es que busco a Salaí.
LEONARDO: ¿Qué quiere con Salaí, si se puede saber?
TOMASINO: Sólo quiero mi dinero, vuestra merced.
LEONARDO: ¿¡De qué rayos habla!?
TOMASINO: Es que se supone que él entregara unos dulces al castillo, y que, una vez le pagaran, regresara con el dinero.
LEONARDO: ¿Regresar a dónde?
TOMASINO: Donde vivo. Pensé que se le olvidó. Eso pasa, vuestra merced, y créame que no estoy diciendo que lo hizo adrede.
LEONARDO: ¿Entregar dulces?
TOMASINO: Para la princesa.
LEONARDO: ¡Es mejor que no le haya pasado nada a Salaí! *(Pausa-a los chicos)* Recojan y váyanse a casa.

Mutis **Leonardo**.

Telón.

Escena vi

Más tarde. Lateral Derecho: El castillo; el despacho de **Bernardino**. *Él coloca los dulces en la caja que entregó* **Salaí**. *Entra un Soldado.*

SOLDADO: Maestro Leonardo–

Mutis Soldado.

BERNARDINO: *(A sí mismo)* Oh, ¿qué querrá ahora?

Entra Leonardo.

LEONARDO: Vuestra merced–
BERNARDINO: ¿Qué lo trae al castillo a esta hora, Maestro? Oiga, usted se ve un poco–
LEONARDO: Es que uno de mis–uno de mis estudiantes salió del monasterio a buscar–bueno, en fin, hubo un–un malentendido y él vino a parar al castillo.
BERNARDINO: ¿Para qué?
LEONARDO: Vino a entregar unos dulces. Eso fue lo que me dijeron.

Pausa. **Bernardino** *sonríe. Es tanto el placer que siente al darse cuenta que el chico a quien violó le «pertenecía» a* **Leonardo**, *que tiene que cerrar los ojos y respirar hondo.*

BERNARDINO: ¡No puede ser! ¡No! Maestro Leonardo, ese chico ¿es bien parecido? ¿Tiene catorce años, pelo rubio, rizos, ojos azules, una boquita exquisita, y llevaba puesta calzas color rosa, camisa blanca, chaqueta marrón, y una gorra lo más simpática, color rojo? ¿Usted habla de Giacomo? ¿Es ese el niño? ¿Por qué no toma asiento, Maestro? Se ve muy pálido.
LEONARDO: ¿D–dónde está?
BERNARDINO: A la verdad que me sorprende, sabe, porque si estamos hablando del mismo joven, bueno, entonces me temo que le tengo muy malas noticias, Maestro. Sucedió algo terrible–penoso, a decir verdad. Este Giacomo–violó a la Princesa Beatriz.

LEONARDO: *(Pausa)* Imposible. Excelencia, Giacomo es un niño. ¡Tiene que ser un error!

BERNARDINO: ¿Error? Lo vi con mis propios ojos. Tumbamos la puerta y entramos al despacho de Beatriz donde encontramos a su queridísimo estudiante encima de la princesa. Déjeme decirle, aquí entre nosotros, que no hay palabras para describir la cara del Moro. *(Ríe)* Le digo, Maestro, que jamás lo olvidaré. ¡Le juro que a Ludovico le salía espuma por la boca! Y naturalmente, él no sabía que el muchacho era uno de los suyos. Por cierto, le sugiero que no se lo diga, no vaya a ser que decida ahorcarlo a usted también.

LEONARDO: ¡Ahorcar–!

BERNARDINO: Bueno, sí, lo van a ahorcar. ¿Por qué? ¿O es que usted piensa que el Moro puede hacer otra cosa con la persona que se lo metió–supuestamente por la fuerza–a su joven y amada princesita? Diga usted, Maestro, ¿qué tipo de condena recomienda para Salaí? ¿Exilio? ¿Latigazos en el medio de la plaza? Y ni pensemos que Beatriz se preñe, Maestro. Eso lo complicaría todo. Como sea, ya está decidido, el muchacho será torturado en la rueda, ahorcado, lo picaran en trozos y los restos arrojados al río.

LEONARDO: ¡No, esto no puede ser, no lo puedo aceptar! ¡Tiene que haber un error!

BERNARDINO: ¡Vamos, hombre, tenga un poco más de valor, caramba!

Luces disminuyen: Lateral Derecho. Lateral Izquierdo: La habitación de Beatriz.

LUDOVICO: Amorcito–¿no crees que debemos cancelar el baile de máscaras?

BEATRIZ: ¡No! *(Pausa)* No te preocupes por mí, Ludovico. ¡Yo estaré bien, te lo aseguro! Lo que sí es que quiero a Bernardino da Corte fuera de la corte! ¡No lo quiero por todo esto, ¿me entiendes!? Si no te deshaces de ese hombre, me regreso a Ferrara. ¡Ya no aguanto más!

LUDOVICO: Amor mío, eso no es tan fácil como tú te crees.

BEATRIZ: ¿¡Por qué no!?

LUDOVICO: *(Pausa)* Para empezar, el Rey de Francia se ha aliado a la Santa Sede.

LUDOVICO: *(Cont.)* El Santo Padre está camino a Milán para, supuestamente, mediar entre Luis de Francia y yo. Todo es parte de un complot contra Milán. No pretendas que me deshaga de mi jefe de seguridad cuando el Papa Alejandro puede, en cualquier momento, dar el visto bueno para que Francia nos ataque. Sería una locura. *(Pausa)* Estamos rodeados de enemigos, mi amor, y de haber cambios esos cambios tendrán que esperar a que las aguas de la política se tranquilicen un poco.

Telón.

Escena vii

Más tarde. El castillo; un calabozo.

Los **Verdugos** *tienden la «rueda».*

FRANCO: ¿Terminaste de leer a Livy?
AUGUSTO: *(Afilando cuchillo)* ¿Con qué tiempo? Si no puedo hacer nada, excepto degollar, ahorcar y despellejar.

Grita el prisionero en la rueda.

AUGUSTO: Estoy leyendo el Satyricon.
FRANCO: ¿En Latín?
AUGUSTO: Seguro. No hay una traducción que valga la pena.
FRANCO: Me prestas el libro cuando lo termines.
AUGUSTO: Como no.

Entra **Leonardo**.

FRANCO: ¡Cuidado, Maestro!
AUGUSTO: ¡Esa escalera es un peligro!
FRANCO: ¿No es un poco tarde para estar por aquí, Maestro?
LEONARDO: ¿Dónde está el niño?
AUGUSTO: ¿Niño? *(Pausa)* ¿Qué niño?
FRANCO: *(A* **Augusto***)* Tú sabes–el muchacho.
AUGUSTO: Oh, ¡ese chico! *(Pausa)* ¿Qué pasa Maestro, piensa cortarlo–disecarlo para dibujarle las entrañas? Es más joven que los demás, seguro que sí; una excepción, ¿eh, Maestro? No me diga que está ansioso de ver cómo funcionan sus músculos, sus tendones. Tienen que ser mucho más flexibles, más suaves que los de un adulto, ¿no cree? A la verdad, que si yo fuera usted, ya estaría harto de rajar brujas y tirapeos, ¿eh? ¡Ja, ja, ja, seguro que sí! ¡Ah, qué ansioso debe estar, Maestro! Seguro que éste le va a gustar, está para comérselo vivo. ¿Qué le pasa, Maestro? Usted parece que tuviera gripe. ¿No se siente bien?
LEONARDO: ¿Dónde se encuentra?

FRANCO: En una jaula, adentro. Lo único–tenemos órdenes de su Excelencia Bernardino de no dejar que nadie lo vea–hasta que nosotros terminemos con él, naturalmente. Usted sabe como son las cosas, ¿no?

LEONARDO: ¡Es uno de mis chicos–uno de mis estudiantes!

AUGUSTO: *(Pausa)* ¿Cómo fue? ¿En serio? ¡Dios querido, entonces–han cometido un error! ¿Oíste, Franco?

FRANCO: ¡Sí, oí! ¡Eso es terrible! *(Pausa)* La verdad es, Maestro, y odio tener que decir esto, es que estamos muy cortos de personal adiestrado. Quiero decir que estos nuevos reclutas, gran parte de ellos son unos brutos, vienen del campo, y todo lo que quieren hacer es ponerse un casco, y andar por el pueblo dándole golpes a la gente por la cabeza, y lucir sus espadas y sus botas, abusando de todo el mundo y arrestando a cualquiera por cualquier cosa. Si me pregunta, le están haciendo un gran daño al Moro.

LEONARDO: ¡Por favor, les ruego, ayúdenme a sacarlo de aquí!

FRANCO: *(Pausa)* Uy, Maestro, no podemos hacer eso–y usted lo sabe.

LEONARDO: ¿¡Por qué no!?

AUGUSTO: Está prohibido–a menos que tengamos una orden escrita del Duque o de su Excelencia, Bernardino da Corte.

LEONARDO: ¿Cuánto quieren, eh? ¡Díganme!

AUGUSTO: Maestro, no se trata de dinero. Es más, me ofende que diga eso. Usted sabe que a nosotros nos encantaría ayudarlo.

FRANCO: Pero no podemos. ¿Qué le diríamos al Moro?

LEONARDO: ¡Qué se escapó!

AUGUSTO: ¿Escapó? ¡Ja, ja, ja! Ay, Maestro, por favor. Escaparse de aquí es imposible. ¿Un chiquillo como ése–escapársenos? Y supongamos que se pudiera llegar a–algún arreglo, lo cazarían como a una rata, y a nosotros también. Usted no pretende que nos corten la cabeza, ¿eh, Maestro? *(Pausa)* Estoy seguro de que no.

FRANCO: Ahora sí, como sabe, nosotros lo apreciamos mucho, Maestro. En consideración–ya que parece que a usted le importa tanto–le doy mi palabra de que el muchacho no va a sufrir antes de que lo ahorquemos. Será una muerte súbita, no sentirá dolor. ¿Qué le parece?

LEONARDO: ¡Quiero que lo dejen ir, eso es lo que quiero!

AUGUSTO: Maestro, por favor, que nos está comprometiendo–vamos, quizás es mejor que se vaya.

LEONARDO: ¡Oigan! Tengo oro–todo el oro que tengo–es de ustedes si lo dejan ir!

AUGUSTO: Maestro, ¡por favor!

FRANCO: ¿Por qué no le trae algo para que se cubra de noche, y ropa? No sé por qué, el muchacho está casi desnudo y a mí no me gusta ahorcar a gente mal vestida. Recuerde que el pueblo completo ve el cumplimiento de la sentencia.

AUGUSTO: Excelente idea. *(Pausa)* Otra cosa, tenemos tanto trabajo, que no sé cuándo vamos a poder atender a ese pobre, y puede que esté en la jaula hasta el mes que viene. Así que–

LEONARDO: *(Grita)* ¡Salaí!

FRANCO: Ya, ya, Maestro, por favor. Vamos, váyase para su casa, que aquí no va a resolver nada.

Augusto *ayuda a* **Leonardo** *hasta la entrada.*

Mutis **Leonardo**. *Pausa.*

AUGUSTO: ¿Qué te parece eso?

FRANCO: Me sorprende sobremanera. Nunca he visto al Maestro Leonardo tan afectado.

AUGUSTO: ¿Y lo culpas?

FRANCO: No, seguro que no. Me imagino que yo estaría igual si a mi chico lo condenaran a muerte. Sólo espero que el Moro no quiera que hagamos nada especial, después de todo, le di mi palabra al Maestro Leonardo.

AUGUSTO: Recuerda que es el Moro el que paga tu salario, no el Maestro Leonardo.

Franco *y* **Augusto** *continúan trabajando. Pausa.*

AUGUSTO: ¿Qué te pasa?

FRANCO: *(Pausa)* Se me acaba de ocurrir una idea. ¿Sabes lo qué estábamos–?

Entra **Bernardino**. *Pausa.*

AUGUSTO: *(A* **Franco***)* ¿Cómo carajo pretenden que aquí se trabaje cuando siguen interrumpiéndonos?
BERNARDINO: ¿Bueno, y qué?
FRANCO: Nada vuestra merced. Lo único que nos dijo fue que se llama Clodilio y nació en Padua. No ha mencionado a Roma, ni a la Santa Sede, ni a santos ni nada que remotamente pueda interpretarse como política apostólica.
BERNARDINO: Parece muerto.
AUGUSTO: Le aseguro, Excelencia, que está vivo.
FRANCO: Sin lugar a duda, Excelencia. Puede que no esté muy vivo, pero ciertamente permanece entre nosotros.
BERNARDINO: Échale agua en la cara.
AUGUSTO: Me disculpa, excelencia. Eso lo que hace es mojarlo. Además, se moja el piso, y eso es peligroso.
FRANCO: Sí, lo es, vuestra merced. Es muy peligroso el piso mojado. Yo resbalé el año pasado y me rompí la cadera. No es necesario, créame. Tenemos muchos recursos. *(Pausa)* Si me permite, excelencia–

Franco *le tapa la boca a la* **víctima** *con un trapo. La víctima convulsa tratando de coger aire.*

BERNARDINO: ¡Lo vas a matar!
FRANCO: Con todo el respeto que se merece vuestra merced. Mi colega sabe lo que hace. En más de veinte años nunca ha matado a nadie que no tuviera que morir. Como puede observar, está forzando al prisionero a que respire. Eso es todo.
AUGUSTO: Hacemos lo que nos indica vuestra merced. Es más, a veces me maravillo de nuestra ingeniosidad. Como puede ver, este individuo no es lo que yo llamo robusto. Hemos sido firmes, al mismo tiempo que hemos mantenido el daño a un nivel razonable, para no transportarlo al más allá–si me entiende, vuestra merced. Aun así, después de hoy no va a servir para nada, y va a usar su nueva condición de inválido y mutilado para mendigar por las calles. Mi humilde opinión es que ya tenemos demasiados inválidos arrastrándose por ahí.

BERNARDINO: Lo quiero vivo.

FRANCO: Vuestra merced sabe que nosotros siempre tratamos de complacerle. Pero recuerde que no hay gran diferencia entre extraerle información y extraerle la vida, mi señor–aunque estamos sólo para servirle.

AUGUSTO: Y no tenga la menor duda que de este pobre infeliz haber sabido algo–hace tiempo que lo hubiera gritado a los siete vientos.

FRANCO: Muy cierto, Excelencia. Él no puede hablar si no tiene nada que decir, y no importa cuanto tratemos de–persuadirlo–no vamos a lograr nada excepto–bueno, ahí lo tiene.

AUGUSTO: Aunque estamos sólo para servirle.

FRANCO: Cumplimos con nuestro deber.

BERNARDINO: Hagan lo que puedan. Por cierto, ¿han visto al Maestro Leonardo?

AUGUSTO: Sí, excelencia.

FRANCO: Estaba muy alterado.

AUGUSTO: Dijo que el chico ese que trajeron es uno de sus estudiantes.

BERNARDINO: Era. Él era algo, aunque no sé si un estudiante. *(Pausa)* Espero que no lo hayan dejado ver el muchacho.

FRANCO: ¡Ah, no, no mi señor! Sabemos muy bien lo que usted espera de nosotros–sí que lo sabemos.

BERNARDINO: Excelente trabajo, ambos. Continúen, por favor.

Mutis **Bernardino**.

AUGUSTO: ¿Sabes una cosa, Franco? Bernardino da Corte–no es tan antipático como dice la gente. ¿No crees? *(Pausa)* Pero, estabas hablando de algo cuando él llegó.

FRANCO: *(Pausa)* Ah, sí. Bueno, es que se me ocurre, verdad, que si el Maestro Leonardo–

Las **Luces** *disminuyen lentamente mientras los* **Verdugos** *siguen con su trabajo. Se le oye hablar en voz baja, mientras la* **víctima** *grita.*

Telón.

Escena viii

Al mismo tiempo. El castillo; el despacho de **Ludovico**, *quien se está midiendo el disfraz de «abeja».*

LUDOVICO: ¿El Maestro Leonardo? A buena hora. Esta cosa no me sirve. Dígale que pase.

Entra **Leonardo**.

LUDOVICO: Oiga, ¿no cree usted que el disfraz me queda un poco grande? ¿Pero–qué le pasa? Se ve muy mal.

LEONARDO: ¡Excelencia, ha pasado algo terrible, algo que no sé como explicarle a vuestra majestad!

LUDOVICO: Le escucho, Maestro–y me perdona si luzco un poco tonto con este vestido, pero usted es el responsable.

LEONARDO: ¡Le ruego, excelencia–uno de mis chicos, uno de mis estudiantes fue arrestado y lo van a ahorcar!

LUDOVICO: ¿Qué fue lo que dijo? ¿Cómo es posible? ¿Quién dio la orden? *(Pausa)* Eso no es posible. Al único degenerado que van a ahorcar es a un hijo de puta delincuente que entró a escondidas– *(Pausa)* También tengo a mi gente trabajando en un espía que acorralamos hace una semana, pero eso es todo. *(Pausa)* Oiga, Maestro, ¿cree que se puede ajustar la cintura un poco?

LEONARDO: ¡Vuestra merced, le ruego! Ese degenerado, como usted dice, se llama Giacomo Caprotti. Tiene apenas catorce años y vive conmigo desde que era un niño. Tiene que haber un error, excelencia. Salaí–yo le digo Salaí–él es travieso como todos los niños de su edad, pero–es que no es posible, ¡es sólo un chiquillo!

Larga pausa.

LEONARDO: ¡No sé lo que pasó, no puedo explicarlo! Su excelencia Bernardino da Corte dijo que encontraron a Salaí–*(Pausa)* ¡Excelencia, Salaí ni tan siquiera ha visto–

LUDOVICO: *(Pausa)* ¿Me quiere decir que ese cochino miserable que atacó a mi Beatriz es su catamita? ¿¡Es eso lo que me está diciendo!?

LEONARDO: ¡Vuestra majestad–!

LUDOVICO: ¡¡Silencio!! *(Pausa)* ¡No se atreva a decirme que fue un error! ¡No se atreva a decirme que no pasó! ¡Yo lo vi, Maestro! ¡Se lo estaba metiendo a mi princesa! ¡Estaba encima de ella cuando derribamos la puerta! ¡Así que no se le ocurra decirme que todo es una equivocación!

LEONARDO: ¡Le ruego, majestad, perdónelo; yo me hago responsable! Haré lo que me ordene, le trabajaré gratis por todo el tiempo que quiera–sólo, ¡sálvelo, majestad! ¡Salaí–Salaí es como si fuera mi propio hijo!

LUDOVICO: ¡Su hijo! ¡No me haga reír, so imbécil!

Ludovico *hace pedazos el disfraz.*

LUDOVICO: ¿Cuánto está dispuesto a pagar por mi honor, Maestro? ¿Es que tiene tanto dinero? ¿Es usted tan rico? ¿Es que no se da cuenta de que en un par de días se me va a conocer como el Duque con cuernos? ¡Y todo porque usted nunca le enseñó a esa mariquita a no compartir la polla! ¡Y qué descarado, pretencioso y audaz es el cabroncito, ¿no cree!? ¿¡Por qué no metérselo a una puta como su madre!? ¡No, fue y se tiró una puta princesa! *(Pausa)* ¡Ah, esto sí que es sabroso! ¿A quién carajo le va a importar todo lo que he hecho por esta maldita ciudad? ¿A quién? ¿A quién le va a importar que convertí este rústico pueblo de campo en el centro comercial más importante de toda Italia–quizás en la ciudad más fabulosa del mundo? ¡A nadie! ¡De ahora en adelante, mi única fama estará basada en las desacertadas desventuras del sodomita de Leonardo da Vinci!

LEONARDO: Excelencia, no tengo duda de que lo que dice es cierto. Pero le ruego, le ruego que reconsidere. Siento gran bochorno y angustia, no sólo por Salaí, sino también por el dolor y la vergüenza que este incidente le ha causado a vuestra merced y a su distinguida dama. Pero excelencia por favor, piense ¿cómo es posible que un chico como Salaí, un niño frágil y pequeño–cómo es posible que se haya adentrado en la ciudadela? No sólo eso, ¿cómo pudo forzar su entrada al despacho de la princesa? Vuestra merced es un hombre dedicado al servicio de su pueblo. No le ahogue la vida a un niño mientras exista la más remota posibilidad de que alguien más esté vinculado con este nefasto crimen. ¡Demuéstrele al mundo que es

LEONARDO: *(Cont.)* –usted un verdadero y fiel seguidor del Cristo, determinado a ser imparcial y justo cuando el odio ciega su deseo de justicia!

LUDOVICO: ¡Cállese la boca, so retrasado! ¡Cállese la boca y lárguese de aquí antes de que lo mande con su marica al calabozo! ¡Guardia!

LEONARDO: ¡Misericordia! ¡Por amor a Cristo, le pido misericordia!

Entran **Soldados** *y agarran a* **Leonardo**.

Mutis **Leonardo** *y* **Soldados**.

LUDOVICO: *(Pausa)* ¡Bernardino! *(Pausa)* ¡¡Bernardino!!

Entra **Bernardino**.

BERNARDINO: ¿Excelencia?

LUDOVICO: *(Pausa)* Nunca dijiste que el hijo de puta que violó a Beatriz era estudiante del Maestro Leonardo.

BERNARDINO: Así es. Me acabo de enterar. *(Pausa)* No le dije nada porque pensé que es información irrelevante pero que puede distraer a vuestra merced de la situación tan peligrosa que enfrentamos–con Su Santidad llegando en un par de días y los franceses listos en la frontera. Creo que usted necesita mantener clara su mente, excelencia, ya que todo depende de ello. Lo demás no importa; y eso incluye a Leonardo da Vinci.

LUDOVICO: ¿Qué hacía ese muchacho en tu despacho?

BERNARDINO: Vino a hacer una entrega de dulces–para la princesa.

LUDOVICO: *(Pausa)* Una entrega de dulces. *(Pausa)* ¿Y–por qué te agredió?

BERNARDINO: Me imagino que no le gustó que le agarrara la polla.

LUDOVICO: *(Pausa)* ¿Y por qué hiciste eso?

BERNARDINO: Para distraerme.

LUDOVICO: *(Pausa)* Tu diversión me ha causado mucho sufrimiento, Bernardino.

BERNARDINO: Mis más sinceras y muy sentidas disculpas, vuestra merced. Sí pienso, verdad, que de no ser por la confraternidad de la princesa con el joven, lo hubiéramos arrestado sin problema.

Larga pausa.

LUDOVICO: Comunícale al Maestro Leonardo que ya no es bienvenido en la corte y que preferimos, es más, que insistimos que se largue de Milán.
BERNARDINO: *(Pausa)* ¿Y–el caballo?

Ludovico *arroja la estatuilla del caballo contra la pared.*

LUDOVICO: ¡A la mierda con el caballo! *(Pausa)* ¡Guardia!

Entran **Soldados**.

LUDOVICO: ¡Traigan a la Princesa Beatriz–ahora! ¡Si rehúsa, la agarran por el pelo y la arrastran hasta aquí!
BERNARDINO: Excelencia– *(Pausa)* Por favor recuerde que Beatriz– su padre es el Duque de Ferrara, aliado suyo. Usted no puede darse el lujo de tener más enemigos.
LUDOVICO: ¡Lárgate!

Mutis **Bernardino**. *Pausa.*

Entra **Beatriz**.

BEATRIZ: ¿Cómo te atreves a mandar por mí como si yo fuera una cualquiera?

Ludovico *le da una paliza.*

LUDOVICO: ¡Puta degenerada! ¡Puta! ¡Ramera de mierda! ¿¡Te lo tiraste, ¿verdad que sí!? ¡Puta canalla! ¿Qué te pasa, no te gustan los machos? ¿¡Tienes que buscarte a una mariquita, a un mariconcito, al amante de Leonardo da Vinci para que te lo meta!? ¡Sucia!

Ludovico *viola a* **Beatriz**.

LUDOVICO: ¿Qué son esas marcas que tienes en las tetas, puta? ¿Al mariquita le gusta chupar tetas, eso es? ¡Sucia! *(Pausa)* ¡Esto es lo que debiste hacerle a ese maricón, puta! ¡Así hubieras compartido el placer! *(Pausa)* ¡Eres una adúltera!

Larga pausa.

LUDOVICO: ¡Bernardino!

Pausa. Entra **Bernardino**.

LUDOVICO: Esa puta–¡quiero que la desnuden; que le afeiten la cabeza, y la tiren en un calabozo!
BERNARDINO: *(Pausa)* Como usted diga. ¡Guardia!

Entran **Soldados**.

BERNARDINO: ¡Levántenla y sáquenla de aquí!
LUDOVICO: ¡Y envía por Cecilia!

Telón.

Escena ix

Día siguiente. El castillo; el calabozo.

Franco *afila una navaja larga mientras* **Augusto** *quita la* **víctima** *de la «rueda», tirando el cuerpo a un lado.*

FRANCO: ¿Listo?
AUGUSTO: Me imagino.
FRANCO: ¿Tienes dudas–alguna pregunta de lo que tenemos que hacer?
AUGUSTO: Yo nunca tengo duda de nada. Sigue, que se nos está haciendo tarde.

Mutis **Augusto**.

FRANCO: *(Le llama)* Me da pena no poder cumplir con la promesa que le hicimos al Maestro Leonardo.

Entra **Augusto** *casi arrastrando a un ensangrentado* **Salaí**, *quien se horroriza al ver la navaja en manos del verdugo.*

Luces *disminuyen lentamente.* **Salaí** *grita.*

Telón.

Escena x

Esa tarde. La vivienda de **Leonardo**.

Todas las ventanas están cerradas y la residencia está en penumbras. Pausa. Entran **Leonardo** *y los chicos.*

ANTONIO: ¡Maestro, por favor, cálmese!

Lorenzo *y* **Marco** *abren las ventanas.*

LEONARDO: ¿¡Qué me calme!? ¡Mataron a mi niño!

SONIDO: Muchedumbre y **Tomasino** *vendiendo su mercancía.*

LEONARDO: *(Pausa)* ¿O es que no viste cuando la muchedumbre, levantó la vista hacia la Torre en el momento que los verdugos, con sus cabezas cubiertas para que no se les viera la cara–y entre las risas, abucheos, aplausos y el chillido de feriantes desgraciados que no tienen compasión–?

TOMASINO: *(De fuera)* ¡Dulces! ¡Tengo dulces! ¡Confites de anís con almendras!

LEONARDO: ¿–lo subieron a lo más alto de la Torre de Filarete, le pusieron la soga al cuello y–lo lanzaron a la muerte?

Marco *abraza a* **Leonardo**.

MARCO: *(Sollozando)* ¡Maestro, por favor!

LEONARDO: *(Llora)* Me preguntó si lo amaba–

CACHETERO: *(Desde una esquina)* Qué escena tan conmovedora.

LEONARDO: ¿Quién está ahí?

Leonardo *abre otra ventana y alumbra al* **Cachetero**, *sentado en una silla, escarbándose las uñas con un puñal.*

CACHETERO: Tenemos un mutuo amigo, y ese amigo me dijo que usted me quería ver–eso fue lo que dijo el Turco, pero ése siempre fue un rata, hijo de puta.

CACHETERO: *(Cont.)* ¿No le dijo usted donde vivía? Bueno pues, aquí me tiene.

SONIDO: Grito de **Sofía**.

CACHETERO: Esa vieja–no le pasó nada. Sólo que no me quería dejar entrar. *(Pausa)* Oiga, me costó trabajo llegar aquí. Dijo el Turco que me convendría y ese mojón nunca miente. Je, je, je. Espero no perder tiempo. ¿Entiende?

LEONARDO: *(Pausa. A* **Lorenzo***)* Vete y asegúrate que ella está bien. *(Pausa)* Salgan de aquí–todos. Necesito un par de minutos con este hombre.

Mutis los chicos.

LEONARDO: *(Pausa)* ¿Usted no se acuerda de mí?

CACHETERO: No.

LEONARDO: Haga el favor–vaya a la ventana.

CACHETERO: ¿Para qué?

LEONARDO: *(Pausa)* Ne–necesito verlo en la luz.

CACHETERO: De nuevo–¿para qué? *(Pausa)* ¿Qué quiere de mí? Le advierto que soy caro, aunque como puede que le haya dicho el Turco, no va a encontrar a nadie mejor que yo.

LEONARDO: ¿Mejor? ¿En qué?

Entran **Sofía** *y los chicos. Ella tiene un cuchillo enorme.*

El **Cachetero** *saca su navaja.*

SOFÍA: ¡Maestro!

LEONARDO: ¡Fuera de aquí–todos fuera!

SOFÍA: ¡Pero Maestro! ¡Ese canalla–!

LEONARDO: ¡Lorenzo, Antonio, sáquenla de aquí!

Los chicos agarran a **Sofía** *y la dirigen fuera.*

Mutis **Sofía** *y los chicos.*

LEONARDO: *(Pausa)* ¿Decía usted?
CACHETERO: Soy mago. Hago desaparecer gente, aunque depende de quién, y de cuánto estén dispuestos a pagar.
LEONARDO: *(Pausa)* Pues hoy tiene usted suerte. Lo único que quiero es que pose para mí.
CACHETERO: Depende.
LEONARDO: Le pagaré siete soldi.
CACHETERO: Catorce.
LEONARDO: Muy bien–serán catorce.

Leonardo *coge su libreta y sus lápices de la mesa.*

LEONARDO: Quítese esa gorra y no se mueva para nada.

Leonardo *dibuja la cara.*

Entran los chicos. Se mantienen en la entrada.

CACHETERO: Por otros cinco soldi le dejo que me pinte el culo–o la polla, si lo prefiere.
LEONARDO: ¿A usted nunca le han dicho que apesta a cloaca? *(Pausa)* ¿No sabe, por casualidad, que es usted un ser despreciable y asqueroso?
CACHETERO: ¿Y–a usted nunca le han dicho que tiene una lengua larga?
LEONARDO: *(Pausa)* Sabía que estaría perfecto para el Judas.
CACHETERO: Váyase a coger por el culo.

Leonardo *mira cuidadosamente el dibujo, le da unos toques, cierra la libreta, y la tira a un lado. Pausa. El* **Cachetero** *se pone el sombrero.*

LEONARDO: Terminado. Lárguese.
CACHETERO: Mi dinero.
LEONARDO: Catorce soldi–según mis cálculos, usted me robó veinte hace unos días. Ah, se me olvidaba–¿verdad que usted no se recuerda de mí? Déjeme refrescarle la memoria; es usted el que me debe dinero y por lo tanto, le agradecería mucho que me pague lo que me debe y se vaya de mi casa.

El **Cachetero** *sonríe y poco a poco saca su navaja.*

LEONARDO: *(Pausa)* Usted es un sucio, un cobarde que sorprende a la gente en callejones, enmascarado por la tiniebla y la oscuridad, a la orilla de la cloaca. *(Pausa)* Pero, en esta habitación bien iluminada, donde la indignación y la ira se sobreponen al sentido común, yo le doy la oportunidad que ¡se largue antes de que le de la paliza que se merece!

Los chicos se miran lo unos a los otros, aterrorizados. De repente, el

Cachetero *trata de apuñalar al artista.* **Leonardo** *da un paso para el lado y le da un puño al hombre, haciéndolo caer al suelo.*

Leonardo *le da una paliza, le agarra la nuca, lo levanta del suelo...*

LEONARDO: ¡Si lo veo de nuevo, lo mato! *(Llama)* Lorenzo, ¡la ventana!

Lorenzo *abre la ventana.*

Mutis el **Cachetero** *(por la ventana).*

Pausa. Los chicos corren a ver por la ventana. Pausa. Luego, se le acercan a **Leonardo**, *y lo abrazan entre llantos y lágrimas.*

Telón.

Escena xi

Al mismo tiempo.

Lateral Izquierdo: *El Vaticano; el despacho del* **Papa**. *Él está reunido con* **César**.

Lateral Derecho: *El castillo; el despacho de* **Bernardino**. *Un hombre está parado entre las sombras, su espalda hacia el* **Público**.

EL PAPA: Salimos esta noche. Preferimos viajar de noche.
CÉSAR: Todo está listo.
EL PAPA: ¿Qué de ese hombre–el que le está fabricando armas muy peligrosas a Ludovico?
CÉSAR: Se llama Leonardo da Vinci, aunque no existen tales armas.

El **Papa** *levanta un papel de su escritorio.*

EL PAPA: ¿Y la carta? *(Lee)* Mi muy ilustre señor, habiendo estudiado cuidadosamente todos los ejemplos de los que se proclaman especialistas en la fabricación de instrumentos de guerra, concluyo que los mismos no son nada diferente a lo que se utiliza hoy día, por lo tanto trataré, sin prejuicio alguno, de explicar mis secretos, con el propósito de ofrecérselos a vuestra excelencia, para su aprobación y beneficio– *(Pausa)* –etcétera, etcétera.
CÉSAR: Nada de lo que describe existe, Santidad; sólo dibujos, modelitos y juguetes, producto de una mente muy creativa pero ociosa. Todo es absurdo, incluyendo un supuesto bote sumergible. La Santa Sede no tiene por qué preocuparse. El Maestro Leonardo pinta paredes y se distrae pensando en monumentos estrambóticos. No tiene nada que ver con armas de nadie.
EL PAPA: Entonces ¿la carta es un engaño?
CÉSAR: No, pero sí es una exageración típica del Maestro Leonardo. *(Pausa)* Sólo trataba de asegurarse una posición en la corte del Moro. *(Pausa)* Lo importante no es lo que dice la carta, sino que tenemos un agente en la corte de Ludovico.

Lateral Derecho: *Entra* **Bernardino**.

Maquiavelo *se da vueltas y lo confronta mientras las* **Luces** *disminuyen en el* **Lateral Izquierdo**.

BERNARDINO: Disculpe la tardanza. Estuvimos reunidos hasta hace poco. De parte de la corte de su Excelencia el duque Ludovico Sforza, le doy la bienvenida a vuestra merced. Esperamos que disfrute su estadía en nuestra gloriosa ciudad.
MAQUIAVELO: Se le agradece la cortesía.
BERNARDINO: *(Pausa)* Su Santidad–¿llegará a tiempo?
MAQUIAVELO: Justo a la hora que se acordó.
BERNARDINO: Perfecto. *(Pausa)* Ya di órdenes al General di San Severino para que colocara las tropas al sur de la ciudad, donde Ludovico saldrá a darle la bienvenida a Alejandro. Luego de una breve recepción, Su Santidad y sus guardaespaldas, acompañados por el Moro, entrarán en la ciudad y se dirigirán hasta el monasterio de Santa María de las Gracias para la develar el fresco del Maestro Leonardo. *(Pausa)* Entretanto, los portones al norte permanecerán abiertos para que César y sus soldados–¿me dijo que son tres mil tropas?–se adentren en el castillo, que para entonces habrá sido abandonado por mis hombres. Con el castillo ya bajo el control de César, las tropas francesas podrán flanquear a las tropas del Duque, bajo el mando del General San Severino, del oeste. San Severino es un hombre pragmático. Se dará cuenta que el Moro está perdido y pues–eso será todo. *(Pausa)* En cuanto al Moro–se lo dejo en sus manos. ¿Algo más? *(Pausa)* Bien. Por favor, hágale saber al Santo Padre y al príncipe Borgia, que lamento no poder recibirlos en persona. Quizás otro día, cuando los vientos partidistas no estén tan turbulentos.
MAQUIAVELO: Cómo no. Ambos le están muy agradecidos. Por cierto, la muestra de esa gratitud le será entregada a su residencia, una vez Milán esté bajo el control de la Santa Sede.
BERNARDINO: Se le agradece sobremanera. Yo siempre he creído que es muy importante para hombres como nosotros, no dejarnos arrastrar por las ráfagas de la política.

Pausa. Mutis **Maquiavelo**.

Telón.

Escena xii

Al día siguiente. El comedor. **Leonardo** *y los chicos.*

LEONARDO: Vamos a terminar con esta tragedia. Lorenzo, la libreta.
LORENZO: *(Mira la libreta)* ¡Qué hombre feo!
LEONARDO: Más que eso–un hombre malvado–diabólico.

Leonardo *aplica yeso a la pared donde pintará la cara del Judas.*

LEONARDO: Sí–creo que hoy es el día.
ANTONIO: Lo creo cuando lo vea.
LEONARDO: Ha sido peor que una cruzada.
LORENZO: Usted sólo tardó un año en pintar la Adoración–
ANTONIO: –y menos que eso en la Anunciación.
LEONARDO: No eran tan complicados. Te digo–no vuelvo a pintar otra pared.

Entra **Bandello**.

BANDELLO: ¡Maestro! ¡Maestro Leonardo! ¿Sabe la gran noticia–la gran, grandísima noticia? Su Santidad llega en un par de días, y el Moro lo ha invitado para que vea el fresco. Oh, pero qué honor más grande, ¿no cree, Maestro?
LEONARDO: ¿Para quién?
BANDELLO: ¿Cómo qué para quién? ¡Para todo el mundo! Le digo que el abad está que no cabe en las sandalias. Tenemos que prepararlo todo para darle la bienvenida al Santo Padre–nunca hemos tenido una visita tan célebre. Oiga, que creo que es usted muy afortunado. *(Pausa)* Un momento–¡Dios mío! ¡Usted no ha terminado! ¿Cómo es posible que el Moro traiga al Papa a una develación cuando no hay nada que enseñar? ¡Qué desastre!
LEONARDO: Estará lista, hermano.
BANDELLO: ¿Cómo? *(Pausa)* Entonces–¿los encontró?
LEONARDO: ¿Encontrar a quién?
BANDELLO: Los modelos para–
LEONARDO: Ahí están. *(Señala a la pared)* Ahí tiene al Cristo–*(Enseña la libreta)* –y aquí tiene al Judas.

BANDELLO: Jesús, ¡Qué horrible!

LEONARDO: Usted no tiene idea.

BANDELLO: ¡Oh, bendito sea! ¡Es un milagro! ¡Un milagro! *(Pausa)* ¿Por qué se le ve triste, Maestro? Oiga, no lo culpo. Después de tantos años trabajando, logrando algo, y llega un día en que, de ahí en adelante le pertenece al mundo, eh Maestro? *(Pausa)* No le miento si le digo que yo estoy muy contento de que ya por fin, este episodio de la pared se haya acabado. Y estoy seguro de que usted, aunque no lo demuestre, también lo está, ¿eh? Je, je, je. Me imagino que tendremos que buscar otra cosa que hacer. ¡Ay, Dios querido! Estoy tan acostumbrado a correr para aquí y para allá detrás de usted. Ahora podemos volver a comer juntos, como antes. *(Pausa)* Le voy a decir un secreto, Maestro. ¿Sabe por qué yo me desesperaba cuando no lo veía montado en ese andamio?

LEONARDO: Creo que me lo ha mencionado–en más de una ocasión.

BANDELLO: Antes de que usted emprendiera el proyecto de la pared, el arte, la pintura y todas esas cosas, no eran más que una pérdida de tiempo para mí; un pasatiempo frívolo de hombres que poseen un peculiar sentido del deber y cuyas prioridades son un poco raras. ¿Por qué no dedicar todo ese tiempo y la fortuna que conlleva, laborando para Cristo, haciendo caridad; dándole de comer al pobre y ayudando al enfermo? *(Pausa)* Entonces, observé como usted y sus muchachos luchaban con la pared día tras día, meses y años hasta que me di cuenta una tarde, de que ¡esa pared blanca, ese pedazo de nada empezó a cobrar vida! Ah, Maestro, es usted el que está retratado en la pared; en la cara de Simón, en la expresión de Tadeo y Bartolomé; la gracia de su alma está tallada en el rostro de Jesús.

LEONARDO: Y en el de Judas.

BANDELLO: *(Pausa)* Me considero muy afortunado de haberlo visto trabajar. Quiero que sepa que me va a hacer falta, Maestro.

LEONARDO: *(Sonríe)* Como ustedes me van a hacer falta a mí.

BANDELLO: Oh, ¡tengo que correr a darle las buenas noticias al abad!

LEONARDO: Hermano–en cuanto termine, voy a cubrir la pared y no voy a permitir que nadie la vea hasta su develación.

BANDELLO: Entiendo, Maestro. *(Pausa)* Oh, ¡es un milagro!

Mutis **Bandello**.

LEONARDO: Marco, cierra la puerta. No quiero más interrupciones. ¡No saldremos de aquí hasta que terminemos!

Telón.

Escena xiii

Al día siguiente. **Lateral Derecho:** *El castillo; el despacho de* **Ludovico**.

SONIDO: Trompetas. Pausa. Entra **Ludovico** *y* **Bernardino**. **Ludovico** *vestido de lujo.*

LUDOVICO: Clausura el castillo. Nadie ha de entrar o salir de la ciudadela, hasta que haya nuevas órdenes. Estamos en guerra. *(Pausa)* ¿Y Beatriz?

BERNARDINO: Está de camino–

Entra **Beatriz** *con su cabeza afeitada, acompañada por un* **Soldado**. **Ludovico** *le hace señas a* **Bernardino** *y al* **Soldado** *que salgan del despacho.* **Beatriz** *se arrodilla frente al Duque.*

Mutis **Bernardino** *y* **Soldado**.

LUDOVICO: *(Pausa)* Eres, una vez más, dama y señora del castillo. Eres, de nuevo, mi esposa. Dicho eso, lo que pasó, pasó y no lo puedo olvidar. Has de recobrar todos los privilegios de la Corte pero has perdido el derecho a exigirme nada. De ahora en adelante, quiero que sepas que yo haré lo que me dé la gana, veré y me reuniré con quien quiera, tendré cuantas amantes se me antojen, y no te voy a permitir ni ataques de celos, ni rabietas infantiles, ni mal humor. Si no estás de acuerdo con mis condiciones, puedes volver a casa de tu padre. De quedarte, piensa en tener hijos; entiendo que los niños tienden a aliviar el aburrimiento. Ahora, vete, que tengo mucho que hacer. Regresa a tus habitaciones, date un baño y–adórnate un poco que te ves muy mal.

Beatriz *le rinde una reverencia.Mutis* **Beatriz**.

LUDOVICO: *(Pausa)* ¡Carajo! ¡Quién se lo hubiera imaginado! Quizás el secreto para tratar la obstinación de las mujeres orgullosas es meterlas en un calabozo por uno o dos días. ¡Quién lo hubiera creído!

Mutis **Ludovico.**

Luces *disminuyen* **Lateral Derecho**. **Lateral Izquierdo***: la habitación de* **Beatriz**.

Entra **Beatriz**. *Pausa. Ella se sienta en su mesa de noche. Pausa. Llora desconsoladamente y con mucha ira. Pausa. Ella se seca las lágrimas. Abre la cajita de dulces y se come uno y luego otro. Pausa.*

SONIDO: Trompetas anunciando la salida del Duque. **Beatriz** *se lleva la caja de dulces para mirar por la ventana.*

SONIDO: Caballos que salen a toda prisa del castillo. Pausa. Entra **Silveria**.

SILVERIA: *(Llorando)* ¡Mi señora!

Se le tira a los pies.

SILVERIA: ¡No sabe lo preocupada que estaba! ¿Cómo se siente? ¿Le hicieron daño? ¡Esos villanos! ¡Mire como le dejaron la cabeza! ¡Malditos!

BEATRIZ: Te lo agradezco.

SILVERIA: ¡Usted necesita un baño con agua caliente! ¡Vamos a quitarle esa ropa que está asquerosa! *(Pausa)* Por cierto, ¿sabe que Su Santidad está por llegar a Milán? La ciudad está preparándole una tremenda bienvenida. El Duque acaba de salir a recibirlo.

BEATRIZ: Por favor–no me hables más de ese hombre. *(Pausa)* Y no te preocupes, querida, que ésta él me la paga. *(Pausa)* ¿Por qué no le dices a las chicas que preparen el baño?

SILVERIA: ¡Sí mi señora! ¡Inmediatamente! *(Pausa)* ¡Ay, no sabe que alegría me da verla de nuevo!

Entra **Bernardino**. *Pausa.*

BEATRIZ: ¿Cómo se atreve a entrar sin que lo llame? ¡Insolente! *(Pausa)* Es usted un descarado y un sinvergüenza. No crea que mi marido no se ha dado cuenta. Y deje que yo le diga que usted tuvo la osadía–

BERNARDINO: No, fíjese que no, me temo que eso no va a ser posible.

BEATRIZ: ¡Desgraciado!

BERNARDINO: No se lo niego. Como tampoco le niego lo que pienso de usted. Es usted una infeliz, una arpía sin encanto que no tiene atractivo y ciertamente carece de inteligencia.

BEATRIZ: *(Grita)* ¡Fuera! ¡Guardias!

BERNARDINO: Puede gritar todo lo que quiera porque no hay nadie fuera.

Silveria *se le viene encima a* **Bernardino** *y él la mata de una puñalada.* **Beatriz** *grita.*

BERNARDINO: Como le iba diciendo–pronto el castillo estará en manos de César Borgia y los franceses. *(Pausa)* Ay, caramba. ¿Qué le sucede? Se ve un poco pálida. ¿No se siente bien? Oh, veo, sí, es que ha estado disfrutando de los dulces. Ricos, ¿no es verdad? *(Pausa)* Sabe que mi esposa tenía un gusto muy parecido al suyo; le encantaban los confites. *(Pausa)* Y como ella–me refiero a mi esposa–usted pronto quedará trinca; su cuerpo color púrpura. La tirarán en una tabla, donde los gusanos gozarán de su cadáver como usted goza de los dulces. Si me pregunta a mí, creo que es lo más que le conviene porque así no tendrá que presenciar la caída de la ciudad que ahora le pertenece a Luis de Francia. Todo porque su padre, el distinguido Duque de Ferrara nunca le enseñó a escoger sus enemigos con el mismo cuidado que escogió a su marido. Sí, Milán pertenece a Francia; yo soy un sinvergüenza, y usted, mi señora, está rumbo al infierno. Qué pase muy buenos días.

Bernardino *se arregla el sombrero, y ofrece una reverencia.*

Mutis **Bernardino**. *Pausa.*

Beatriz *grita.*

Telón.

Escena xiv

Al mismo tiempo. El comedor. Todo está limpio; el piso está adornado con una espléndida alfombra y una preciosa cortina de seda, con un cordón color oro, cubre la pared del fresco.

Una silla grande y lujosa ha sido colocada en una plataforma en el mismo centro del comedor. Una brillante luz entra por las ventanas.

Entra el **Papa**, *seguido por sus acólitos,* **Ludovico**, **Leonardo** *y los chicos,* **fray Bandello**, *el* **Cardenal Sforza**, *el abad y otros frailes y príncipes de la iglesia.*

LUDOVICO: El Maestro Leonardo ha laborado por más de tres años en el fresco que hoy tenemos el privilegio de develar ante vuestra Santidad. La obra celebra no sólo la grandeza de nuestro Señor Jesucristo, sino la formidable determinación del espíritu humano. Milán se enorgullece, Santísimo Padre de que usted pueda ser testigo del fruto y legado artístico de uno de los más grandes y eminentes exponentes del arte en todo el mundo. *(Pausa)* Por lo tanto, ¡este evento se lo dedicamos a la grandeza de Roma y al sucesor de Pedro! *(Pausa)* Maestro, cuando guste.

Leonardo *ofrece una reverencia al* **Papa** *y a los importantes invitados. Pausa.*

LEONARDO: Santidad, si me lo permite, me gustaría decir unas palabras. *(Pausa)* Aunque trabajar esta pared fue una inspiración y una fuente de gran júbilo, fue hace apenas unos días, que pudimos combinar todos los elementos de la pintura que representan exactamente lo que yo siento. *(Pausa)* Cuando se descubra el fresco, su mirada, Santo Padre, va a correr de un lado a otro del dibujo, fijándose en todos los pequeños detalles que se han incorporado para ilustrar la cena de nuestro Señor Jesús con sus discípulos durante la noche de la pasión; desde la pureza del Cristo hasta la infame traición del Judas. Reflejados en los rostros de Simón, Tadeo y Bartolomé, es más, en cada uno de los apóstoles representados en Cenáculo, están la duda, el horror, y la simple realidad de

LEONARDO: *(Cont.)* –que no importa quiénes seamos, no importa cuánto poder, dinero o fama hayamos logrado en la vida, no somos dueños de nuestro destino. *(Pausa)* Quizás, Santidad, como sucesor de Pedro usted pueda explicar ¿por qué? ¿Por qué tenemos que vivir aterrorizados por hombres que asesinan niños, hombres que torturan, que mutilan y que someten a los hijos de Dios a sus abominables antojos? ¿Quiénes son estos hombres que controlan nuestras vidas? ¿Quiénes son estos hombres que ordenan que se despelleje a los inocentes, antes de romperles los huesos con el único propósito de hacerlos sufrir? *(Pausa)* ¿Quiénes son estos hombres, que contra todos los mandamientos, contra todo lo que nos enseña la santa palabra de nuestro Señor, se atreven a perpetrar tales atrocidades? *(Pausa)* ¿Quiénes son estos devotos hombres ilustres que pasan las mañanas orando de rodillas, y seguidamente y sin el más mínimo remordimiento, sentencian a niños a la horca? ¿Quiénes son? ¿Quién les da derecho? ¿¡Quiénes son estos hombres!? *(Pausa)* ¿Qué importa crear maravillosas obras de arte para el disfrute de la humanidad, si estamos a la merced de tiranos? ¡No tiene sentido, nada tiene sentido!

Ludovico *escuchó suficiente. Se le acerca al* **Papa**, *le dice algo al oído. Pausa. Él camina lentamente y con una expresión que demarca paciencia le pone la mano en el hombro a* **Leonardo**.

LUDOVICO: Gracias, Maestro Leonardo por esas palabras tan iluminantes. *(Pausa)* Ahora, queremos ver la pintura.

Leonardo *le hace señas a* **Lorenzo**. *Pausa.*

Entran **César** *y* **Maquiavelo** *y se mantienen al* **fondo**.

Se descubre la pintura. Pausa. Todos aplauden. Pausa. El **Papa** *se levanta y camina hasta la pared. Pausa. El* **Papa** *ríe.*

EL PAPA: Maestro Leonardo, ¡esta pintura sobrepasa nuestras expectativas! ¡César! ¿Dónde está el príncipe Borgia? *(Ríe)* ¡Ahí estás!

César *se le acerca al* **Papa**.

EL PAPA: ¡César, ven para que veas! ¡Es increíble–eres idéntico al Cristo!
LEONARDO: ¿¡Cómo fue!?
LUDOVICO: ¿Qué fue lo que dijo?
MAQUIAVELO: *(Aparte a* **Leonardo***)* César Borgia, el déspota, la pura personificación del diablo en la tierra.
LEONARDO: *(A* **César***)* ¿¡Fray Valentín!?
EL PAPA: No–no fray Valentín, Duque de Valentinois, Maestro. El título conferido al príncipe Borgia por el Rey de Francia.
LEONARDO: ¡No!
CÉSAR: Bueno, siento que le resulte una decepción, Maestro Leonardo. No fue mi intención humillarlo o hacerle quedar mal, pero usted comprende que no podía decirle quién era. Lo siento.
LUDOVICO: *(Grita)* ¡Esto es intolerable! ¡Derrumben ese adefesio ahora mismo! Y usted, Maestro Leonardo–

El **Moro** *saca un puñal y trata de llegarle al artista, pero* **César** *interviene al mismo tiempo que los monjes de la Santa Sede que acompañan al* **Papa** *levantan los hábitos, desenfundan sus espadas y rodean al Duque de Milán.*

CÉSAR: Excelencia–por la autoridad que me confiere su Santidad Alejandro VI de Roma, y como comandante del Ejército Apostólico, le ordeno que suelte su arma. Es usted mi prisionero. *(A su escolta)* ¡Llévenlo al calabozo a esperar la llegada del Rey de Francia! *(Pausa)* ¡Todo el mundo–fuera, vamos!

Mutis **Ludovico** *y el resto de la congregación, excepto el Papa,* **César**, **Maquiavelo**, **Leonardo** *y los chicos.*

EL PAPA: César, querido hijo, no sabes lo curioso que estamos de saber cómo conseguiste poner tu cara en la pared. Y Maestro Leonardo–el fresco es bello. Debe estar muy orgulloso. Oiga por cierto, tenemos una pared–bueno, es más que una pared–es un techo completo, el de la capilla del Papa Sixto, que necesita un poco de color. Déjenos saber si le interesa. Es mucho trabajo, lo sabemos, pero nosotros

EL PAPA: *(Cont.)* –apreciamos a los artistas, y siempre les pagamos bien. Tremendo, Maestro–Cenáculo–una inspiración divina, excelente, sí, precioso, todo quedó muy bonito. Felicidades.

Mutis el **Papa** *y* **César**.

MAQUIAVELO: Te advertí que al Moro no le quedaba mucho tiempo. Ahora bien, no pienses que has perdido a un mecenas– *(Ríe)* Piensa que has conseguido a un Papa. Caramba, nunca te he visto tan molesto. ¿Qué te pasa? *(Pausa)* ¿Oye, dónde está–cómo se llama–el rubito, Salaí? *(Pausa)* Bueno, me tengo que ir. Oye, te has ganado muchos amigos esta tarde, Leonardo, gente poderosa. *(Pausa)* Estoy seguro de que nos veremos antes de lo que te imaginas.

Mutis **Maquiavelo**.

Luces disminuyen lentamente sobre **Leonardo**, *atónito, mirando la pared.*

Telón.

Escena xv

Lateral Izquierdo *del proscenio. Entra el* **MONJE VIEJO**. **Lateral Derecho**: *la vivienda de* **Leonardo**.

Entran **Leonardo** *y los chicos. Pausa.*

MONJE VIEJO: Eran casi las seis de la tarde cuando regresamos a casa y el Maestro se retiró a su habitación.

Mutis **Leonardo**.

MONJE VIEJO: Estábamos un poco asustados por la incertidumbre, ya que, del Maestro Leonardo no conseguir otra asignación, tendríamos que regresar a nuestros hogares y familias.

El **Monje Viejo** *le da un vistazo a su libro.*

MONJE VIEJO: *(Pausa)* Oh, ¡por poco se me olvida! Esa noche, estábamos ya listos para la cama cuando–

SONIDO: Tocan a la puerta con mucha fuerza.

MONJE VIEJO: Cuando tocaban así a esa hora de la noche, por lo general significaba que habían soldados en espera.
LEONARDO: *(De fuera)* ¡Carajo, contesten la puerta!

SONIDO: Tocan a la puerta con mucha fuerza.

MARCO: ¿Quién puede ser a esta hora?
ANTONIO: ¿Será el tipo que Maestro Leonardo tiró por la ventana?

SONIDO: Tocan a la puerta con mucha fuerza.

LORENZO: Date prisa, que el cabrón va a despertar al vecindario.
ANTONIO: ¿Y tú por qué no le dices a la puta de tu madre que abra la puerta?
MARCO: ¿Dónde está Sofía?

LEONARDO: *(De fuera)* ¡O contestan la puerta o van a ver!

Antonio *pone el oído a la puerta.*

ANTONIO: ¿Sofía–?

Mientras el **Monje Viejo** *narra,* **Antonio** *agarra un cuchillo, y abre la puerta.*

MONJE VIEJO: Excepto que Sofía estaba en su cuartucho hacía tiempo, durmiendo. ¡Lo que quería decir que yo tendría que arriesgar mi vida!
ANTONIO: ¿Quién es?
MONJE VIEJO: No fue hasta que el fantasma dijo–
SALAÍ: *(De fuera)* ¡Qué me abras, cabrón!
MONJE VIEJO: –que yo reconocí aquella aparición.

Antonio *abre la puerta, grita y se retira de la puerta.*

MONJE VIEJO: Un fantasma, asqueroso, con la cara hinchada y llena de sangre, y vestido en harapos.
ANTONIO: *(Aterrorizado)* ¡¡Maestro!!

Entra **Salaí**.

ANTONIO: *(Grita)* ¡Oh, Dios! ¡No me hagas daño! ¡Yo siempre fui bueno contigo!

Antonio *se tira de rodillas.*

ANTONIO: ¡No me hagas daño, te lo suplico! ¡Yo siempre fui tu amigo! ¡No me lleves para el infierno! ¡No, por favor!
SALAÍ: *(Ríe)* ¡Mira hijo de puta, no me hagas reír que me duele todo!
ANTONIO: ¡¡Salaí!!
MONJE VIEJO: Sí, era Salaí–muy vivo y apestando a mierda.
ANTONIO: ¡Salaí! ¡Salaí! ¡Estás vivo! ¡Salaí está vivo!

Antonio *corre por toda la casa gritando la noticia.*

Entran **Lorenzo** *y* **Marco**, **Sofía** *y* **Leonardo**.

LEONARDO: ¡Mi niño!
MARCO: ¡Es imposible! ¡Yo–yo lo vi colgando de la torre!
LORENZO: ¡Yo también! ¡Vi cuando te tiraron de la torre, so cabrón!
MONJE VIEJO: *(Pausa)* Eran más las preguntas que las respuestas, pero el Maestro Leonardo decidió esperar hasta el otro día. Al chico se le hacía difícil caminar, así que lo cargamos hasta la habitación de su amo, donde ayudamos a quitarle los trapos que llevaba puestos, le preparamos el baño, ayudamos a bañarlo y a curarle los golpes y las heridas. *(Pausa)* Horas más tarde, después de tomarse un poco de caldo, porque estaba tan enfermo que no tenía apetito, Salaí se recostó y se quedó dormido, mientras Leonardo lo acariciaba, tratando de descifrar el misterio. *(Pausa)* Fue entonces que llegamos a la conclusión de que los verdugos habían ahorcado a otra persona en la Torre de Filarete. Lo único que se le ocurrió al Maestro fue que Augusto y Franco habían decidido aceptar su oferta del oro si no mataban a Salaí. El único problema fue como hacer para que ni el Moro ni Bernardino da Corte se enteraran. *(Pausa)* El plan no era tan complicado como parecía. Sólo tuvieron que cortarle el pelo a Salaí para pegárselo a otro prisionero; al supuesto espía de la rueda. Al pobre también le pusieron la ropa del muchacho antes de tirarlo de la torre. *(Pausa)* Todo funcionó de maravilla, excepto que nadie anticipó la traición de Bernardino y la invasión de los franceses. Cuando los verdugos se dieron cuenta de la caída de Milán, apenas tuvieron tiempo para salvar sus vidas. Y una vez los soldados de la Santa Sede abrieron las celdas del calabozo, Salaí, aunque estaba tan herido que casi no podía caminar, aprovechó para escapar.

Luces *disminuyen en la casa de* **Leonardo** *y suben en el comedor mientras el* **Monje Viejo** *se dirige al* **Público** *del* **Lateral Izquierdo**.

MONJE VIEJO: Un año después de la caída del Duque de Milán, agentes enviados por el padre de Beatriz, el Duque de Ferrara, al fin dieron con Bernardino da Corte a las afueras de Padua, donde se había comprado una finca para criar ganado.

MONJE VIEJO: *(Cont.)* Lo torturaron, lo mutilaron, lo descuartizaron y regaron sus entrañas por el valle para alimentar a los perros salvajes. Entretanto, César derrotó la rebelión en la Romaña con ayuda de los franceses.

Trasfondo: Retratos de **Alejandro VI** *y* **César Borgia**.

MONJE VIEJO: Todo les iba de maravillas a los Borgia, hasta que una tarde decidieron comer al aire libre, y el Papa y César contrajeron malaria. Alejandro estuvo trece días entre la vida y la muerte, hasta que no pudo más. Mientras esperaban para enterrarlo, su cuerpo se pudrió, y alguna gente juraba que habían visto a un pequeño demonio arrancarle el alma, la cual depositó a los pies de Satanás. César se recuperó, pero al regresar a la Santa Sede encontró que el peor enemigo de su familia, Julio de la Rovere, había adquirido el trono de Pedro. Julio II no perdió tiempo para vengarse de los Borgia encarcelando a César, quien pudo escapar dos años más tarde huyendo a Navarra, donde murió en batalla. César Borgia tenía treinta y un años.

Trasfondo: **Desvanecen** *los retratos de* **Alejandro VI** *y* **César Borgia**.

Trasfondo: Retrato de **Maquiavelo** *y portada de el Príncipe.*

MONJE VIEJO: *(Pausa)* Maquiavelo regresó a Florencia, se casó y estuvo feliz casi seis meses, hasta que se cansó de su mujer y de sus hijitas, y empezó a deleitarse en la compañía de cuanta puta pasaba por la provincia. Brincando de puta en puta escribió el Príncipe y adquirió fama de manipulador, intrigante y traicionero. De lo que se ha escrito de Nícolo Maquiavelo, lo que sí es verdad es que de todos los hombres de su época, quizás fue el más pragmático y realista.

Trasfondo: **Desvanecen** *los retratos de* **Maquiavelo** *y portada de el Príncipe.*

Trasfondo: Retrato de **Ludovico Sforza**.

MONJE VIEJO: *(Pausa)* Ludovico Sforza, el Moro de Milán, nunca se repuso de la traición de Bernardino da Corte. «Desde Judas» sostuvo él años después, «jamás hubo tan desgraciada traición». Tenía razón. El Moro de Milán fue llevado a Francia, donde vivió por años en la cárcel. Escapó, regresó a Milán y conquistó la ciudadela, sólo para perderla por segunda vez y terminar, una vez más, gozando de los paisajes de Francia desde un calabozo. Cuando falleció, Ludovico Sforza tenía apenas cincuenta y cuatro años.

Trasfondo: **Desvanece** *el retrato de* **Ludovico Sforza**.

MONJE VIEJO: *(Pausa)* Casi inmediatamente después de develar Cenáculo, Lorenzo decidió que era tiempo de encaminar su vida sin el Maestro Leonardo. La decisión no fue fácil, porque éramos como hermanos, y a pesar de todo le teníamos un gran cariño al Maestro Leonardo. Marco también emprendió camino, y como no podía ganarse la vida como artista, se convirtió en carpintero, se casó y murió de viejo. De acuerdo con su primogénito, Marco pasó sus últimos años murmurando los nombres de Leonardo da Vinci y el de una preciosa doncella que se llamaba Salaí.

Trasfondo: Retrato de la **máquina voladora.**

MONJE VIEJO: *(Pausa)* Ya ustedes saben lo que me pasó a mi, así que no voy a decir nada más excepto que yo fui el único tonto que permitió que el Maestro Leonardo me montara en su espectacular máquina voladora durante un día de campo, cuando Salaí todavía no se había recuperado del todo. Él estaba muy débil; Lorenzo era muy alto y Marco muy pesado, por lo que el Maestro me ató a las bridas agarradas de las alas, y me tiró por un risco. *(Pausa)* Basta decir que no volé y he estado cojo desde entonces.

Trasfondo: **Desvanece** *el retrato de la* **máquina voladora**.

MONJE VIEJO: *(Pausa)* El Maestro y Salaí se mudaron a Roma en 1499. Poco después, el ingeniero militar y artista sin igual, el gran Leonardo da Vinci, conoció a Francesco Melzi, un joven de diecisiete años y de muy buena familia.

MONJE VIEJO: *(Cont.)* El Maestro tendría entonces sesenta años de edad. *(Pausa)* Salaí había cumplido sus treinta y un años y cansado de las excentricidades de su amo, y quizás también por celos, razones que no son difíciles de entender, él abandonó a Leonardo, aunque no sin antes cargar con todo lo que pudo, incluyendo con un retrato que el artista llamaba «La Sonreída».

Trasfondo: Retrato de la Mona Lisa.

Trasfondo: **Desvanece** *el retrato de la Mona Lisa.*

MONJE VIEJO: *(Pausa)* Dice la leyenda que a insistencia del rey de Francia Leonardo estableció residencia en Cloux, donde falleció en 1519 con sólo Francesco Melzi a su lado.

Trasfondo: Retrato de **Leonardo da Vinci** *(Escuela de Atenas).*

Trasfondo: **Desvanece** *el retrato de* **Leonardo da Vinci**.

MONJE VIEJO: Sin embargo, en su testamento, el grandioso Maestro Leonardo da Vinci le legó a su «sirviente Salaí» un terreno que le había regalado Ludovico el Moro a cambio de trabajo.

Trasfondo: Retrato de **Salaí**.

MONJE VIEJO: *(Pausa)* Giacomo Caprotti, Salaí, conocido como amante, estudiante y sirviente de su amo Leonardo da Vinci, murió a los treinta y cuatro años de edad de un balazo durante una riña en una barra de Milán, en al año 1524.

Trasfondo: **Desvanece** *el retrato de* **Salaí**.

MONJE VIEJO: *(Pausa)* Hoy día es imposible apreciar Cenáculo de Leonardo da Vinci, y esa borrosa mancha que insinúa a aquella pintura en la pared del monasterio de Santa María de las Gracias, terminó convirtiéndose en un símbolo de algo que nunca fue.

MONJE VIEJO: *(Cont.)* Por otro lado, de seguro que el artista estaría muy complacido y maravillado que después de tantos siglos él finalmente logró la fama que tanto añoró en vida, aunque no tuvo nada que ver con su venganza.

La luz sobre el **Monje Viejo** *se va a negro mientras otra enfoca en la cara del Judas, en el fresco.*

MONJE VIEJO: *(De fuera)* Varios días después de develar el fresco, los agradecidos y humildes residentes del monasterio de Santa María de las Gracias se dieron cuenta de que algo raro le ocurría a la pintura en la pared de su comedor. Aquel perfil horrible y vil que representaba al Judas, poco a poco se fue desvaneciendo, hasta que como por arte de magia, otro apareció en su lugar. Según los hermanos que fueron testigos de la transfiguración, el Judas dCenáculo tenía un increíble parecido a Ludovico Sforza, el último Duque de Milán.

Telón.

Fin

Utilería & Efectos de Sonido

Letrero: Tomasino-Dulces (1)
Cálamo (1)
Cajón de madera (1)
Enorme libro (1)
Pedazo de papel (2)
Bolsas de dulces en pared (2)
Mostrador (4)
Pinceles (5)
Cuencos de barro (5)
Mesas (5)
Huevos (5)
Bolsas de pigmento (5)
Baldes (5)
Andamio (5)
Banquillos de leña y de madera (5)
Cajas de herramientas (5)
Lona gris, sucia (5)
Bolsas de pigmento y yeso (5)
Sogas (5)
Caballetes (5)
Brochas (5)
Cubierta (5)
Soga (5)
Confite (9)
Estatuilla de un caballo (13)
Dibujos (27)
Libreta y sus lápices (31)
Dibujo (24, 33)
Pigmento (37)
Mapa (47)
Frasco (49)
Monedas (9, 51)
Cuchilla (51)
Modelos del Caballo (59)
Laúd (59)
Balde (63)
Sabana (71)
Vestidos para la princesa (75)
Disfraz de rosas (76)
Disfraz de abeja (76)
Caja de dulces (3, 77)
Candelabro (78)
Espejo (78)
La rueda (86)
Un trapo (89)
Disfraz de abeja (91)
Estatuilla del caballo (94)
Navaja larga (96)
Víctima de la rueda (96)
Puñal (97)
Navaja (98)
Cuchillo enorme (98)
Libreta (99)
Mesa (21, 49, 50, 99)
Lápices (99)
Escritorio (9, 101)
Papel (101)
Yeso (103)
Cordón color oro (109)
Cortina de seda (109)
Silla grande y lujosa (109)
Esplendida alfombra (109)
Una plataforma (109)
Espadas (111)
Cuchillo (114)
Retratos: Alejandro VI, César (116)
Retrato: Maquiavelo (116)
Retrato: Ludovico Sforza (116)
Retrato: máquina voladora (117)
Retrato: Leonardo da Vinci (118)
Retrato: Mona Lisa (118)
Retrato: Salaí (118)

SONIDOS

Un coro de frailes (5)
Una campanita (16)
Un coro de frailes (37)
Gente que se acerca (51)
Gente hablando en VOZ ALTA, riendo, etc (52)
Lluvia y truenos (70)
Gritos de Asesino etc y hombres corriendo (78)
Muchedumbre y Tomasino vendiendo su mercancía (97)
Trompetas (106)
Caballos que salen a toda prisa (107)
Tocan a la puerta con mucha fuerza (113)

www.ingramcontent.com/pod-product-compliance
Lightning Source LLC
LaVergne TN
LVHW051008080826
845145LV00009B/2519

* 9 7 8 0 9 6 6 1 6 1 9 6 0 *